Educational Management
Thought in Chinese
Traditional Culture

管理

中国传统文化中的教育管理思想

楚红丽◎著

中国经济出版社
CHINA ECONOMIC PUBLISHING HOUSE
北京

图书在版编目（CIP）数据

中国传统文化中的教育管理思想 / 楚红丽著 .
北京 ：中国经济出版社，2024. 7. -- ISBN 978-7-5136-7801-8

Ⅰ. G526

中国国家版本馆 CIP 数据核字第 2024AK0018 号

组稿编辑　崔姜薇
责任编辑　黄傲寒
责任印制　马小宾
封面设计　久品轩

出版发行　中国经济出版社
印 刷 者　北京科信印刷有限公司
经 销 者　各地新华书店
开　　本　710mm × 1000mm　1/16
印　　张　10.75
字　　数　116 千字
版　　次　2024 年 7 月第 1 版
印　　次　2024 年 7 月第 1 次
定　　价　78.00 元
广告经营许可证　京西工商广字第 8179 号

中国经济出版社　**网址** http：//epc.sinopec.com/epc/　**社址** 北京市东城区安定门外大街 58 号　**邮编** 100011
本版图书如存在印装质量问题，请与本社销售中心联系调换（联系电话：010-57512564）

Preface 自序

在教育管理领域里，我们可以学习西方教育管理思想的成果和模式，但因为社会政治、经济、文化、伦理基础的不同，我们又不可能完全照搬，完全照搬会导致“水土不服”，我们应该以参考和借鉴的态度来学习西方的教育管理思想，但更根本的是结合我们自己的精神家园、文化根基和思维特点，走出中国道路，形成具有中国特色的社会主义教育管理思想和管理模式。

中国人为人处世讲究合乎“情理法”。“合情合理合法”“晓之以理、动之以情”“法理不外乎人情”都是我们耳熟能详的处世准则。为人处世只要能在情理之中，合乎情又合乎理，就不会违法。在中国人的理解中，法是情理之中的法，而不是冷冰冰的法。合乎情理符合的是我们的道德水准，合法合规只是最基本的底线，做到符合道德上的合情又合理，才是我们中国人为人处世的基本准则。比如，执法的手段和形式要能让对方接受，合法地做事也要能让对方感受到被尊重，说话办事尽量不伤及情义，要尽量顾及感情和各方面的影响等。

西方管理学擅长研究和使用诸如法律制度、奖励惩罚等有形的、外显的“外力”，但刑律惩罚不是可以长久使用的，更不是可以不断加码使用的，否则，必然造成很强烈的反向作用和负面效果。我们中国人的传统管理思想更擅长研究和使用诸如天理、情理、公道、人心、士气、道德等无形的、内隐的“内力”。这种内力看起来无影无形，却能令人潜移默化，于无声处听惊雷，于无色处见繁花，看似无为却有为。

内隐与外显、无形与有形之间虽然看似相互联系、相互缠绕，其实是内因与外因、本质与现象、本体与载体之间的关系，真正起决定作用的永远是内因、本质和本体。

“外显”“有形”的管理能力是一种专业化的经营技术或职业化的领导能力，这些可以通过照搬学习而获得。而“内隐”“无形”的管理能力，则包括了民心、文化、价值观、世界观、人生观、认知、动机、信仰等一整套系统性的认知信念，这些认知信念体系可以构成一种稳定的“底层逻辑”，是事物和人心的“本质”和“内因”，并非照搬就可以获得，而是需要“通其情”“达其理”，通过提升自己的智慧和道德修养来达成。

我们要关注的是内因、本质、本体，外因、现象、载体是相对次要的。这就好比“三观比五官重要”“人品比颜值高”“精神上的门当户对比物质上的门当户对重要”，都是同样的道理。放到管理上，是把营销推广做好更重要，还是把产品本身做好更重要？是专业的运营团队更重要，还是扎实的产品口碑更重要？是营销广告更重要，还是顾客的认可信任更重要？面对诸如此类的管理问题，我相信大家心中自有一个准确答案。

管理，重在管理之“理”而不在“管”，管理之“理”，是管理的本质、本源和本体。每个人都面临着如何管理自己的生命、如何管理自己的家庭、如何管理自己的工作、如何影响自己所处的社会等诸多问题。解决这些问题需要深刻了解自我教育管理、家庭教育管理、社会教育管理层面的管理之“理”。这些“理”是我们做人、做事、做选择、做决策的底层逻辑，是我们为人处世、构建生命逻辑的根本法则。这些“理”蕴含在国人几千年的生存智慧之中，蕴含在中华民族的生存道理之中。中国传统文化正是通过讲这些“理”、明这些“理”，才得以薪火相传、长盛不衰、源远流长。

中国传统文化影响每一个中国人，国人的生存道理和生活智慧源自我们代代相传、生生不息的传统文化。中国传统文化是涉及修身齐家治国平天下的管理哲学，它是全面的、完整的、整体的。中国式现代化教育需要的管理思想，理应从中国传统文化所传递的管理思想中汲取精髓和营养。

让我们每个人从优秀传统文化的管理思想中向古圣先贤恭敬学习，通过化性、正心、修身，戒除自己的分别心、贪婪心，斩断自己的怨恨心、烦躁心，进而在自我教育、学校教育、家庭教育和社会教育领域的生活学习工作中，始终守住内心的良知即“良心”，向内点亮内心的光明，向外释放内在心性的光芒，这是管理之“理”，也是每个人人生之路上的必修功课。

Contents 目 录

第一章　传统文化中的管理之“理”：天人合一

中华民族屹立世界数千年，中华文明五千年世代赓续，就是因为中国人是有民族信仰的，我们信仰天道天理，相信天人合一。天人合一是天地人万物合一，是人与天地万物皆可感同身受、皆可共鸣感应、皆可同情共感。

一、天人合一

首先，中国人坚信天人合一，是因为中国人相信人天同构、天人相应。《黄帝内经》认为人与天地相应、与四时相符，人参天地：“天圆地方，人头圆足方以应之。天有日月，人有两目。地有九州，人有九窍。天有风雨，人有喜怒。天有雷电，人有音声。天有四时，人有四肢。天有五音，人有五脏。天有六律，人有六腑。天有冬夏，人有寒热。天有十日，人有手十指。辰有十二，人有足十趾、茎、垂以应之，女子不足二节，以抱人形。天有阴阳，人有夫妻。岁有三百六十五日，人有三百六十五节。地有高山，人有肩膝。地有深谷，人有腋腘。地有十二经水，人有十二经脉。地有泉脉，人有卫气。地有草蓂，人有毫毛。天有昼夜，人有卧起。天有列星，人有牙齿。地有小山，人有小节。地有山石，人有高骨。地有林木，人有募筋。地有聚邑，人有䐃肉。岁有十二月，人有十二节。地有四时不生草，人有无子。此人与天地相应者也。”

同样的论述在《淮南子·天文训》中也有：“天地以设，分而为阴阳。阳生于阴，阴生于阳，阴阳相错，四维乃通，或死或生，万物乃成。蚑行喙息，莫贵于人，孔窍肢体，皆通于天。天有九重，人亦有九窍；天有四时以制十二月，人亦有四肢以使十二节；天有十二月以制三百六十日，人亦有十二肢以使三百六十节。故举事而不顺天者，逆其生者也。”

《太极拳谱·清代杨氏传钞老谱》亦云：“苟能参天察地，与日月合其明，与五岳、四渎华朽，与四时之错行，与草木共枯荣，明鬼神之吉凶，知人事之兴衰，则可言乾坤为一大天地、人为一小天地也。”据唐大烈《吴医汇讲·人身一小天地论》记载：“人禀健顺之德，以生五行之气，隐于五脏，见于六腑。呼吸，即阴阳运输也；津液，即雨露灌溉也；光泽，即花木荣繁也；耳目，即日月晦明也。人身一小天地，信哉！”

其次，中国人坚信天人合一，是因为中国人信仰天地为父母，“天为乾为父，地为坤为母”。天人合一就是对天地父母的孝。老子说：天地之始，万物之母，有物混成，先天地生。天地是我们赖以生存的自然摇篮。《庄子·达生》曰：“天地者，万物之父母也。”张载在《西铭》中有言：“乾称父，坤称母；予兹藐焉，乃混然中处。故天地之塞，吾其体；天地之帅，吾其性。民，吾同胞；物，吾与也。”《黄帝内经》说：“故天有精，地有形。天有八纪，地有五理。故能为万物之父母。”《素问·宝命全形论》又说：“夫人生于地，悬命于天，天地合气，命之曰人。人能应四时者，天地为之父母；知万物者，谓之天子。”天之道在于“始万物”，地之道在于“生万物”，作为天地之子的人，人之道在于“成万物”。

再次，中国人相信天地之道，坚信天人合一，还因为中国人信仰“天人合德”“天人感应”，相信“天道”和“人道”要相通，“自然”与“人为”要相应，相通相应则人“可以赞天地之化育，则可与天地参”。《孟子·告子下》说：“仁者，人也；知者，仁也；圣者，知也；王者，圣也。王而道之谓天，天而道之谓道，道而行之谓德。”《孟子·尽心上》又说：“天之所助者，顺也；天之所弃者，逆也。顺天者存，逆天者亡。”王夫之说：“惟其理本一原，故人心即天。”

最后，《周易》说：“天地感而万物化生，圣人感人心而天下和平。”“是以立天之道，曰阴与阳；立地之道，曰柔与刚；立人之道，曰仁与义。”《淮南子·天文训》也有言：“人主之情上通于天，故诛暴则多飘风，枉法令则多虫螟；杀不辜则国赤地，令不收则多淫雨。”董仲舒亦提出“天有阴阳，人亦有阴阳”“阳为德，阴为刑”“世治而民和，志平而气正，则天地之化精，而万物之美起；世乱而民乖，志僻而气逆，则天地之化伤，气生灾害起”。还有王充指出“人不能以行感天，天亦不随行而应人”。中国人的信仰并不是造物神，也不是宗教教主或英雄人物，中国人信仰的是普照世界的“天地之道”，是象征世间公平公正、普适天下的“天理”。

1. 中国人的宇宙天下责任感

中国人提出的“天人合一”理念，是人类作为万物之灵在觉悟上可以企及的最高境界。这个世界不仅有人类，还有天地宇宙、万物生灵。天地人万物合一，就是把“小我”扩大到天地万物宇宙之中，就是把别人当成“我自己”，把人类当成“我自己”，把天地当成“我自己”，把宇宙苍生、万物生灵都当成“我自己”，“我”无所不在，“我”亦是“无我”，这样的“我”，生命因此而升华、上扬、提升、完善。

中国人把天地之道奉为至高无上的道德，之所以如此信天敬地，主要有三个原因。

其一，是为了礼赞创生万物之天地。中国是农耕大国，要靠天地吃饭。土生土长的中国人对种地的情感，是自古以来深深烙印在国人基因中的浓浓乡土情怀，落叶归根，故土难离，天地就是我们的衣食父母，我们自然对天地有着天经地义的敬畏和信仰。况且，人本来就是自然演化的产物，本身就与自然共为一体。

其二，中国人相信朗朗乾坤，青天白日，天日昭昭。人如果无法无天就会胡作非为，然而中国人骨子里相信“人在做，天在看”“举头三尺有神明”，做坏事会遭天谴，做好事会得天佑。所谓的管理，不过是以天地之名规范人间之行为，人代表上天主持公道，正所谓“替天行道”“龚行天罚”。

其三，中国人效天法地，愿意学习天地之道德，培养自己做人的品德和修养：利他、天下为公、道义。我们要“学习天，无所不覆之道，学习地，无所不载之德”。“天道地理”常被简称为“天道”。那么“天道”到底是什么呢？天地为公，“天道”即人们常说的“公道”，即所谓“公道自在人心”“是非自有公论”“公道不公道，自有天知道”。

既然“天道地理”是“公道”，那么怎样衡量公不公道呢？又应该用什么来衡量呢？答案便是“公心”。老话常讲“人人心中有杆秤”“群众的眼睛是雪亮的”，所以这个“公道自在人心”的心，是一颗人人所拥有的“公心”，即所谓“有‘公心’，必有公道”。

“公心”是怎样的呢？“政在去私，私不去则公道亡”“公道达而私门塞，公义明而私事息”。意思是，要想有“公心”公道，就要去掉私心，少私寡欲、清净无染。不能为自己的利益、为自己的官位、为自己的祸福而起心动念、肆意妄为。“苟利国家生死以，岂因祸福避趋之。”意思是，对国家有利的事情，不会因为有祸就躲避、有福就前迎。“不义而富且贵，于我如浮云。”意思是，不符合道义的富贵犹如浮云，稍纵即逝，根本不值得占有。

我们常以为自私自利才能保护好自己的利益不受损失，才能活得快活自在。殊不知，只有持有“公心”公道的人才能长久拥有快乐幸福的心境。因为持有“公心”公道的人，没有私心杂念、胡思妄念，少私寡欲，守弱处柔，所以才能感受到恒久的幸福和发自内心的快乐。

“嗜欲深者天机浅。”为了自己的私心贪欲，明争暗斗、攻防算计、蝇营狗苟，只会让人的视野更为狭窄。自私自利的人一旦遇到不如己意、不如己愿的事情就会频繁生出诸多怨恨烦恼，甚至演化成各种戾气，最终招致各种灾难。

人世间“不如意事常八九”，保护自己的“公心”，才可以理性客观地看待自己，才能不偏不倚、不卑不亢做好自己分内的事；看守好自己的“公心”，才可以做到恭敬他人，从而得道多助；守护好自己的“公心”，才可以做到利于众生，从而真正实现利己；守卫好自己的“公心”，才可以宽宏待人，从而与他人之间不结仇怨，不生祸端，常生善缘。否则，总是陷入自己的小世界里，总为自己着想，如此只会卷入各种诱惑和偏执的心魔旋涡之中，落入执念深重、浅薄无知、自怨自艾、精神内耗、画地为牢的深渊之中，最终什么也得不到，还落得身心伤痕累累。

有“公心”的人，不仅快乐自在，还是至善至美至真的至人。“公心”是去除私心的至善之心，“公心”是善之根本。所谓“公其心，万善出”，即内心公道，以“公心”对人对事，就能心地纯净地做很多好事。“公心”是友善的根本，“君子居其室，出其言善，则千里之外应之”“德不孤，必有邻”。自己的起心动念是否为公，决定着自己的人生方向和生命轨迹是否走在正道之上。

“公心”也是去除丑陋后的至美之心，是最纯净的心。所谓“公天下之身，公天下之物，其唯至人矣”，把天下之身都视为己身，把天下之物都视为己物，只有最完美的人才能做到如此。

“公心”还是至真之心，正所谓“天道酬勤、地道酬善、人道酬诚”，为公之人真心诚意、至诚至善，可以与天地感应，自然能够知事成事、心想事成。

那么，“公心”是否只有至真至美至善之人才能拥有？并非如此。“公道自在人心”，这颗“公心”你我他人人皆拥有，它就是人们常说的“良心”。

“良心”是最纯净、最清净的心，回归本心就是找到了自己的“良心”。“良心”是大家共同的心，是共存于人人心中的天理公道。既然人人心中都有一个共同的道理，那么想要弄明白做人做事的道理，只需要摸摸自己的“良心”自然可以了知一切。

有“良心”就不会伤害自己，也不会伤害别人。没有“良心”不仅伤害别人，更会伤害自己。因为人人拥有“良心”，所以才能产生共情心，才能产生同理心，才能产生群众共同的“眼睛”、人人心中共有的“公平秤”。这双“良心”之眼可以分清是非曲直，这杆“良心”之秤辨得清真善美与假恶丑。

也正因如此，中国人一般都有“种瓜得瓜，种豆得豆”“善有乐受、恶有苦受”的信念，中国人也普遍相信坏人做事最终的结果一定是“不是不报，时候未到”“天理昭昭，报应不爽”“天理昭彰，人心难昧”。所以人人都会时时告诫自己要警惕和管控自己的私心贪欲，否则或迟或早地必然出现“因果报应”，这正是中国人强调“人为善，福虽未至，祸已远离；人为恶，祸虽未至，福已远离”“勿以善小而不为，勿以恶小而为之”的深层原因。

可见“良心”约束着我们不敢毁天灭地，而是要“参赞天地之化育”，人者即仁者，而“仁者，以天地万物为一体，使有一物失所，便是吾仁有未尽之处”。人类要用智慧平衡万物生灵之间的关系，为万物生灵消灾解厄、济困解危。人的“良心”是人自救的良药，也是救助万物生灵的良方。通过人的“良心”参与，弥补天地化育之不足，帮助万物，这是生而为人所必须承担的责任和使命。

也因为如此，中国文化把天、地、人并称为“三才”，因为天才、地才、人才三者都具有灵性、智慧和创造力。作为人，绝对不能把灵性、智慧、创造力贬低成死板、愚昧和毁灭力。人有灵性，可以用纯粹美好的愿力正面影响世界，而不能让邪恶污秽的愿力负面影响世界；人有智慧，可以用“公心”智慧为万物生灵创造美好生活，而不可以用私心机谋为自己创造奢靡生活；人有创造力，可以用创造力来重塑和建构一切，而不能用创造力来毁坏和毁灭一切。

“天助己助者”“自救者，天救之，自弃者，天弃之”“自天佑之，吉无不利”。如果能了解并顺从天理，自救者自然能够得到天助，得到吉祥。只要人人“良心”发现，开始克制自己的贪婪欲念，反躬自省，那么当下就可以悬崖勒马、迷途知返，获得自我的救赎。

反之，如果继续执迷不悟、不知悔改，那么等待在前面的只能是万丈深渊。一个人自己不能“良心”发现，不能自救，老天爷也爱莫能助。古代的圣贤说做人要“存天理，灭人欲”就是这个道理，不灭人欲，导致“伤天害理”，“伤天害理”则“天理难容”。

天理是人头顶上的神明，天理也是大家共有的人心向背，“做事循天理，出言顺人心”，这样的人才能得到更多的帮助、更多的“祝福”。而伤天害理的人，不仅得不到别人的“助”，反而会得到别人的“阻”。

“天理”是百姓共同信奉的唯一道理，“天无二日，人无二理”“天上无云不下雨，世间无理事不成”。天理是天下共同的法则，中国人“认理不认人，帮理不帮亲”，相信“有理走遍天下，无理寸步难行”。

西方人以个人主义、个人自由为至上法则。我们东方的中国人更信奉“公”，信奉公道、公德、公心、公理、公平、公正、公义。因为我们看到“天地之公”，所以我们才会这么信仰“公”为天道地理。

天地本就是公有公用的，所以我们理解的天地之“理”，即公道公德、公理公心。中国有很多谚语俗语，就连官衙对联都在描述管理者应该具有公心爱民的为官之道。诸如“当官不为民做主，不如回家卖红薯”“为官一任，造福一方”“衙门两扇开，国事须如家事；官府千秋立，民情即是官情”“此是公门，裹足莫干三尺法；我无私谒，盟心只凛一条冰”“为政不在言多，须息息从省身克己而出；当官务持大体，思事事皆民生国计所关”“要一文，不值一文，难欺吏卒；宽一分，民爱一分，见佑鬼神”“头上有青天，作事须循天理；眼前皆瘠地，存心不刮地皮”等。

为了奉行天地之公道公理，仁人志士前仆后继，“必务求兴天下之利，除天下之害”，为天下谋共福，为天下除共害；救世济人的圣贤“先天下之忧而忧，后天下之乐而乐”，先于天下人的忧去忧，晚于天下人的乐而乐；淳朴善良的忠义之士“利在一身勿谋也，利在天下必谋之”，如果利益只有自己一个人享有，不要图谋得到它，如果利益天下共享之，是天下公利，就一定要尽心谋划以实现它。

中国近现代国学大师钱穆先生晚年在其《中国传统思想文化对人类未来可有的贡献》一文中指出，天人合一观，是中国传统文化对人类的伟大贡献，天人合一观也是整个中国传统文化思想之归宿。钱穆先生指出，西方科学技术越发达，越显出它对人类生存的不良影响。因为离开天无法讲人，离开天理亦无法讲人理，离开顺从天道，无法讲人文演进，人文与自然相依相存，天理与人伦一理贯之。中国传统文化精神之所以能够绵延不绝、生生不息，就在于它不违背天道、不违背自然、不敢无法无天、不敢伤天害理，并尽量做到与天道天命融为一体。中国的古代圣贤更认为“人生”与“天命”最高贵、最伟大之处，就在于使二者同归一贯、和合为一。中国人相信“德全不危”，人的德行越全，与天道越近，道路也会越走越宽，反之，德行越不全，与天道越远，道路只能越走越窄、越走越与所求背道而驰。

天人合一只是我们的缩略语，天人合一就是天地人万物合一。人身是小宇宙，宇宙是大人身，万物亦是如此。人与天地万物都能够达到和合共生、相谐共振的境地，因为人与天地万物同宗同源。

我们之所以相信天人合一，是因为我们知道人生于天地之间，人之道必须合于天地之道，天地之道是为公的，那么人之道必然合于公道公德。而且，公道公德都藏于每个人的“良心”之中，每个人都有“良心”，将心比心，“良心”是一样的，所以我们才能合一。我们的合一就是与自己的“良心”相合，与我们人类的道德礼法、精神文明相合，我们的合一是将人类共同的“良心”与天理相合，与大道公理相合。

天人合一是生命的科学，是宇宙的规律，是生命的规律，更是生命的规矩。天人合一，其实就是告诉我们天下都是一体，道是全天下的公道，路是全天下的公路，理是全天下的公理。

“道乃天下之公器”，“道”不是只属于人类的道，而是属于全天下所有生命的公道。同理，“理”也是天下之公器，理不是只属于某个国家的道理，而是全天下人都要遵循的公理。天人合一观是天道，是公道，是公理，是人类文明发展的唯一正途，是给人类求得生存发展指明方向的明灯。

当今世界有些国家罔顾公道公理，搞“双标”政治，只顾自己国家的利益，从而损害了他国人民和天下人民的利益。与自己利益相符则放任，与自己利益不符则禁止，这种自私自利、虚伪偏私的行为是为人所不齿的。

中国人认为生而为人，要遵循天理，即“严于律己，宽以待人”，这才是符合公道的“双标”。对人“宽”与对己“严”都体现了人对他人满满的责任感。这种责任感放到自己身上，是要对自己的言行负责，以免影响到他人；放到家庭上，是要对家人负责，要有家庭责任感；放到工作岗位上，是要对工作负责，要有大局观，要有集体责任感；放到社会上，是要对社会负责，要有公德心，要维护公序良俗，要有社会责任感；放到天下，是要对天下负责，要爱护大自然，保护万物生灵共有的环境，要为天下共谋福利。

2. 与天地人万物合一

中国人人生观的最高境界，即天人合一。天人合一是中国哲学中主客合一思想的最高论述。庄子梦蝶、庄子知鱼之乐是庄子对天人合一的体证和感通，即所谓“物我界限消解，万物融化为一”。天人合一的状态证明主客皆可融为一体，人与天地万物皆可浑然一体。

庄子说："天地与我并生，而万物与我为一。"大自然造就了天地，也造就了万物及你我他，我们与天地万物共同存在于大自然之中。我们同根同源、同气连枝，我们休戚与共，利害关系完全一致，是有福同享有祸同当的共同体，根本没有必要相互争抢、相互仇视。天地既然造就我们，必然容得下所有的我们共生共存。当我们与天地万物合一的时候，就是我们相互有共情、相互有感应的时候，就是我们换位思考、将心比心的时候，也是我们能够设身处地、推己及人（物）的时候。"天地感而万物化生，圣人感人心而天下和平"，天地交相感应就能引发万物生长，人以自心感化万物之心，就能让天下太平昌盛。

天人合一即与"道"合一。所谓道即一，道即不二，合一即获得超越自我的源源不断的内在力量，合一即超越生死，物我两忘，获得清净无染、坚韧沉静的庄严人格。当人清除杂念，与"道"合一，生命自然到达通达逍遥、喜乐自在的境界。合一的状态，是打开自己的心灵，敞开自己的心胸，是忘我，是禅定，是虚静。在超越、忘我、静定之中移情于鱼儿，则知鱼之乐；移情于蝶儿，则知蝶之飞；移情于大树，则知大树之参天；移情于巨石，则知巨石之稳固；移情于任何自然万物，则与任何自然万物合一。

中国传统文化五千年的文明生生不息，传承下来的真理需要我们学习和传承。试想一下，为何我们的古人没有解剖人体，却能了解人的身体内部构造，乃至可以了解身体无形的穴位经络？为何我们的古人没有望远镜和宇宙飞船，却可以描述宇宙的浩瀚无垠、地球的天圆地方？这都是古人中的得道之人、圣贤之人，他们的清净和他们的德行，修炼到了与天地合一的境界，从而得以“玄览”万物世界的缘故。

《庄子·达生》中有“梓庆为鐻”的故事：梓庆削木为鐻，日成，见者惊犹鬼神。鲁侯见而问焉，曰：“子何术以为焉？”对曰：“臣，工人，何术之有？虽然，有一焉：臣将为鐻，未尝敢以耗气也，必齐以静心。齐三日，而不敢怀庆赏爵禄；齐五日，不敢怀非誉巧拙；齐七日，辄然忘吾有四肢形体也。当是时也，无公朝，其巧专而外骨消。然后入山林，观天性形躯，至矣，然后成鐻，然后加手焉，不然则已。则以天合天。器之所以疑神者，其由是与！”

这个故事是说，有个名叫庆的木工削木做鐻，做成后，人人皆叹为鬼斧神工。鲁侯见到后问他：“你是用什么法术做成的呢？”庆回答说：“臣不过是个工人，哪有什么法术呢？不过倒是有一点点诀窍可以说说。臣将要做鐻之前，不敢耗费一点精气神，涵养精神一定要通过斋戒净身静心。斋戒三天后，内心就不再怀有成功之后将会获得奖赏爵禄的念头了；斋戒五天后，内心就不再怀有做这件事会有毁誉巧拙的念头了；斋戒七天后则几乎忘了自己有四肢形骸。在这个时候，我便不再与外人接触，心志专一，外在的扰乱一概忘却。此时我就进入山林观察各种树木，直到我在一棵树上看到了鐻的模样，然后我就动手施工，找不到这样的树木，我就决不动手。当施工的时候，是鐻在木材中呼唤我，我则随其天性而雕刻，这样做出来的鐻就被疑为鬼斧神工了，这恐怕就是其中的原因吧！”

在“梓庆为鐻”这件事情上，梓庆的手艺出神入化、炉火纯青，就在于他做到了天人合一，所以才能成就绝美的艺术作品。而他之所以做到了天人合一，就是因为去除了贪欲私心，没有功利心，没有名誉心，甚至离形去知，忘乎一切，达到了物我两忘的境界。“游心于淡，合气于漠，顺物自然而无容私焉”，从而得以“以通乎物之所造”，届时他的心神与所雕刻的树木已经完全合一，进入虚静空明的无我心境，自然收获了鬼斧神工的效果。

可见，成道之人，无我无为，已经去除了自私自利的自我，所以可以与天地人万物合一，自然明了万事万物的规律和做人的真理。

3. 合道、遵道、循道、行道

普通人或许没有办法修炼到禅定的状态，无法直观体验到天人合一的境界，但我们依然可以向道而行，让自己的所作所为尽量与道相合，合道、遵道、循道、行道。合道，向哪里而行呢？向天地大自然看齐。天地大自然都是“利而不害为而不争”，合道之人的意识层次都是利于天下真善美的，利他才能利己，“无私才能成其私”；遵道之人的思维维度是平等地尊重众生；循道之人的心灵层次都是喜悦自在、感恩知足的。这个天人合一的“道”，去除了自己的私心杂念，对他人和万物没有分别心、没有评判心，能够以仁爱、慈悲、正义、感恩之心，无条件地包容和善待他人和万物。

人具有天地之心，是为天地立心的人。人受天地之托，要忠天地之事。所以人的心要正，要仁义礼智信、温良恭俭让，这就是做人的德行。无论在任何逆境、任何不顺和苦难面前，一个人把人应有的德行、应有的品行做到了，就是人与道合一，与天道合一，与人道合一，与万物之道合一。

修养自己的品德，不断提升自己的品行，是对家国天下负责，也是对自己负责。中国传统文化中的儒家教人仁义，道家教人至真至性，法家教人实事求是，墨家教人兼爱交利，释家教人至善结缘，都在从不同的角度把大道的真义教给我们。这个真义是道之真理，不是道德绑架，不是愚弄催眠，而是保护自己之道，是保护好自身性与命的护身符，是保护自己不走歪门邪道的正途，是保护自己生存文化和生长环境的源头之道。这个道，与我们切身相关，须臾不可离，与道合一才是真正保护自己，才是真正爱自己，才是真正对自己好。

我们现在从西方学习的爱自己、放飞自我，大多是自私自利的自爱，这种自爱想的都是让自己快乐，只为自己考虑，沉迷于享乐主义，追求自我的绝对自由，追求自我私欲的绝对满足，是以自我为中心的自爱。这样的自爱最终只会走向无聊庸俗和骄奢淫逸。这样的自爱教育，没有家国情怀，没有家庭和社会责任感。这种一切为自己的自爱非常肤浅，是一种病态的自爱。真正的自爱是能够修己，即修理自己，修正自己，有勇气、有毅力将自己改造得越来越合道，如此才可以在精神上和心理上越来越自由，成就属于自己的“从心所欲不逾矩”。

除了“自爱”，现代人大多追求自由，尤其是“财务自由”，很多人“不是在搞钱就是在搞钱的路上”。他们盲目地认为只要实现了财务自由，就能实现所有的自由。其实，这只是把珍贵的生命时光用在了充实自己的钱包上，而真正的自由只能是来自精神上的自由。物质的需求可以饱和，而精神的高度永远不会到顶。

中国有句古话："心中无缺是为富，被人需要是为贵。"艺术家、演员游本昌说："人在钱上是财主，人在钱下是财奴。"精神上富足、心理上感觉富足的人才是富人。如果精神匮乏、心理紧张，无论多么有钱，都是穷人。

遵道、循道，就是心存敬畏、行有所止，就是能够修养自己的品德，能够去除自己的私欲私心，能用诚心正意来修正自己，能"时时勤拂拭"自心，"勿使"自心"惹尘埃"。这样"独善其身"，人才会越来越自由、越来越自在，才能实现真正的自爱、真正的自由。这就是人与自己之间的"天人合一"。

在"独善其身"仍有余力的情况下，则可以继续修养自己的品德到"兼济天下"的程度。就是用自己所修之道行感化别人、感动别人、感召别人，让他人也能合道、遵道、循道、行道。这就是人与人之间的"天人合一"。

不光是人与人的合一，人与天地万物也有合一之义。所谓"上报四重恩，下济三途苦"。对上报答天地国亲师之恩，即报天地之恩、国家之恩、父母之恩、师长之恩。对下则怜惜牲畜道，各种有情生灵、无情生灵之苦。我们"求丝煮茧，锄地杀虫，念衣食之由来，皆杀彼以自活"。何况人类还吃荤以续养自己的生命，所以我们要怜惜其他生命，它们同为生命，也贪恋活着，也有它们的情感，所谓"羊有跪乳之恩，鸦有反哺之义"，而人类处在生物链中的高端，作为万物生灵，不能自视过高、自我中心、高高在上，要对生灵皆有恻隐之心、悲悯之心，爱惜物命，循理而为，遵理而行，不竭泽而渔，不杀鸡取卵，不焚林而猎，不暴殄天物，不浪费奢靡。人做事情要讲究与万物和谐，要通过认知升维、意识升维、教育升维，去造福万物、造福天下。

生而为人，已经取用太多，各种科技享受，丰衣足食，人类从这个世界索取太多。并且每天制造大量垃圾和废料，排放到万物所仰赖的这个地球之家上，造成太多的环境污染和生态破坏，这样的我们本来应该感到非常羞愧才是。所以，人应该小富即安，不要在财物上过分富足，内心要常怀感恩和愧疚之意，简化自己的生活，在吃穿用度上节俭节省，多做减法，不贪图享受，不为非作歹。

《了凡四训》中说：“周礼，‘孟春之月，牺牲毋用牝。’孟子谓君子远庖厨，所以全吾恻隐之心也。故前辈有四不食之戒，谓闻杀不食，见杀不食，自养者不食，专为我杀者不食。学者未能断肉，且当从此戒之。”就是说，古人祭祀时绝对不用雌性的牲畜动物。孟子让君子远离厨房，不是让君子懒惰疏离于家务，而是要君子远离杀生之事，保全自己的恻隐之心。古人在吃上如果做不到全素，就坚持四不食的戒律：能听到杀害的声音，这样的不吃；看到被杀的场面，这种情况的不吃；自己养的不吃；专为我而杀的不吃。

对身在饥饿、痛苦、凄惨中的生灵，要怀有恻隐之心、怜爱之心、慈悲之心，同时生出救助之心、愧疚之心。有了这样的柔软慈悲之心，就能在个人生活中由奢入俭，过简约简朴的生活，就能控制自己的贪欲，不浪费资源，不糟蹋自己的福气。不仅如此，还要多做利他之事。只要是对他人、对万物、对这个世界有一点点好处，都能心甘情愿地起而行之。这就是普通人的合道、遵道、循道、行道。

当然，“人非圣贤，孰能无过”，人难免犯错。犯错不可怕，只要明了是非之理，能知错，就能改错，能改错则“善莫大焉”。过去的错误都是现在和未来的教训，重要的是“不贰过”，知道将来怎样调整自己的行为。古人教我们“吾日三省吾身”，用明镜之心，洞察是非善恶之理，修正自己的言行，只要日日如此，或早或晚终能改正自己的错误，走上正道，与正道合一。

总之，每个人都要让自己的生活方式与天道公理相符合，让自己的德行达到与天道公理相匹配的高度。人的认知决定了自己的命运，而每个人的命运都深藏在自己的言行之中。人的一生首要的是明理，明天道、明公理，然后努力提高自己的德行和人品，如此才能走好完满的一生。所谓“福祸无门，唯人自召”“永言配命，自求多福”，传统文化中有很多教我们为人处世的道理，这不是玄学，不是迷信，而是公道天理，是因果关系，是自然规律。

二、天人合一思想在管理中的应用

常言道“天道无亲，常与善人”。做有德之善人，才能得到天道的庇护。这并不是一种迷信的思想。“天道”是“利天下者，天下启之；害天下者，天下闭之”。“天道”是“人道尽，天道返”。“天道”对万事万物都是公正平等的，而“善人”之所以得到“天道”的帮助，只是因为善人顺应自然规律中的公道公义而产生了“善报”的自然结果。

也正因为如此，中国人所看重的教育是善有善报的教育。这里的“善”首先体现在责任感教育上。而且中国人的责任感教育，不仅仅是个人责任感、家庭责任感、社会责任感、国家责任感，更有天道责任感、利宇宙天下的责任感。基于此，中国人所看重的教育管理是具有宏观的系统化思考的整体管理，是彼此一体性的生命共同体管理，是你中有我、我中有你的大家庭管理，是周全圆满的家国天下管理，这样的管理格局远胜于基于成本效率、基于经济效率、经济效益式的管理模式。

1. 天人合一思想在管理中的应用：道法自然管理

天人合一思想应用和践行于管理领域，将对管理的方向和目的起到正确的“导航”作用。“道大，天大，地大，人亦大。域中有四大，而人居其一焉”“人法地，地法天，天法道，道法自然”。管理的整个历程，包括理念、制度、运营、结果，都要“法自然”，即以大自然为师，向大自然学习。人向大自然学习是最直接、最妥当的管理之道。

“天人合一”之理是让世界变得更加美好的根本之理。“一花一世界，一叶一如来”，大自然呈现的道，遍一切处，遍一切自然之物，大自然的大地风云都是我们要学习的真理实相，我们所寻找的教育管理的规律和真理都在我们所生活的大自然之中。

以大自然为师，我们可以看到生命的力量周而复始、生生不息，每一种生命形式都是被接受的，每一种生命类型都是被接纳的，每一种生命形式都是在绽放自己生命的同时，广泛地利益着众生。而孕育万物的天地“生而不有，为而不恃，长而不宰”，大自然不会控制，不会驾驭，只是允许和放手。

大自然是敞开的，是无私的。看秋天的柿子树，柿子已经熟透，软甜可口，高高地挂在树枝上，任由鸟儿去啄取，任由人们把它敲落，任由它摔掉在地上，供养万物生灵，最终变成肥料滋养大地，种子也被自然地带到任何地方。柿子树母亲没有任何的迟疑，没有任何的执念，没有任何的傲慢，没有任何的控制，没有任何的要求，没有任何的条件，也没有任何的污染和浪费，一切自然，无我无私地默默扎根、默默成长。春夏它默默绽放生命，净化空气，为人们遮阴，让鸟儿停歇驻足；到了秋天它默默开花、默默结出累累果实，供万物取用；到了冬天它又默默地掉得光秃秃的，安静地沉沉冬眠。对这个世界，它没有一点儿的打扰，没有一点儿的干预，没有一点儿的冲突，只有全然的接受、静谧的成长和神圣的奉献。

“人法地，地法天，天法道，道法自然。”天地之间的“道”和“理”都呈现在大自然之中，人要时时刻刻向大自然学习。大自然是万物和谐一体的生态系统，所有组成部分均在“道法自然”中“利而不害为而不争”，所以才能欣欣向荣、绵绵不绝。天人合一的思想告诉我们正确的管理态度和管理制度绝非制造二元对立，而是拥有最纯净、最纯粹的心灵品质。

完全遵照“优胜劣汰、适者生存”的市场经济模式，看起来既现实又务实，其实是偏离正道的。真正有管理智慧的大教育者绝对不是用心机、算计、机谋、技巧、洗脑、权力、权威、压制、控制来管理。

自然界中除了人类，其他生命都在生机勃勃地享受着天地的养育，同时做出它们应有的贡献，没有单方面的索取和剥夺，不同种类生命之间相互成全、互为补充、互为助益，构成真正的“生命共同体”。只有人类常常焦虑迷茫，常常充满悲观和愤怒地怨天尤人，把所有过错都推给社会、环境、制度、他人，并且因为种族、宗教、国界、体制、文化的不同而相互猜疑、相互伤害，其实这一切都是因为过于自私自利、为自己着想过多。

大自然每分每秒都在给我们启示、给我们教导，我们应该通过学习大自然呈现的“无字天书”，洞察和参悟“法天则地”的管理圣经和管理智慧。以植物为例，它们的存在不仅为我们提供氧气、食物、药物、家居用品材料等，而且给其他生物提供了栖息地和食物，植物还维持着天地之间的生态平衡。植物与“天”之间：植物一边吸取空气中的二氧化碳，一边通过光合作用转化能量吐出氧气，回补大气，它们的一吐一纳可以有效地净化水源和过滤有害物质，还维系着适宜生命生存的地球气候。植物与“地”之间：植物通过根系从土地中汲取自己所需的营养和水分，同时也给大地带来阴凉，并且能防止水土流失，待到植物死亡的时候，又变成养分回归大地。植物的生存和繁荣对人类、对万物都不是打扰，而是时时刻刻地贡献和奉献。植物向我们演绎着何为“法天则地”的“大自然”。

还有我们耳熟能详的诗词都在传递自然之道：“落红不是无情物，化作春泥更护花”“春蚕到死丝方尽，蜡炬成灰泪始干”“采得百花成蜜后，为谁辛苦为谁甜”“桃李不言，下自成蹊”“谁言寸草心，报得三春晖”……落花、春蚕、蜜蜂、桃李、寸草尚且如此，何况人乎！

《道德经》第三十四章如此描绘“道”的实相：“大道泛兮，其可左右。万物恃之以生而不辞，功成而不有。衣养万物而不为主。常无欲，可名于小；万物归焉而不为主，可名为大。以其终不自为大，故能成其大。”这个大道是无私奉献的公道，是万物“功成而不有”，万物归焉而“不为主”“不为大”。大自然中的万物和生命，都应该有这样毫无保留的“道心”，都应该有这样毫无污染的“良心”表现。不占有，不为主，不为大，不争权夺利，只是默默承托、默默担当。

大自然包括大地山川、湖泊海洋、天空大气、太阳月亮……时时处处都给我们展示以身作则的“良心”表现，呈现纯净高贵的精神品质。大地山川为我们孕育各种食物，还承接着我们排放的各种工业垃圾，以及我们人类的尸体和粪便，并且将之转化为可用的资源。湖泊海洋为我们提供水资源，灌溉土地、调节温湿度。天空大气为我们提供空气、刮风下雨，且帮我们抵挡其他星体坠落或入侵的伤害。太阳月亮给我们滋养阴阳之气，让我们获得阴阳平衡……我们需要的一切都由大自然提供，我们不需要的一切也都由大自然转化为我们所需要的，我们为大道所托举，我们为大道所承接，我们的一切都由大道所孕育。这样的“良心”“公道”在大自然中如此处处呈现、处处展示，这些都在说明天地之间做人的“公道公理”就是做任何事都要做到“利而不害为而不争”，让“万物并育而不相害。道并行而不相悖”。

作为天地之间的人类，具有自我意识，能够自我觉醒和自我反省，更应该学习天地之圣，行圣人之行，所谓“圣人后其身而身先，外其身而身存。非以其无私邪，故能成其私”。先保护别人才能保护自己，先照顾别人才能照顾自己，不自私才能成就自己的自私。给别人留活路就是给自己留活路，为他人着想，结果受惠最多的还是自己。不为自己，才能真正地为自己。“一个好汉三个帮，一个篱笆三个桩”，要想成功需要别人相助，遇到困难更需要他人施以援手，而自私自利的人不仅不能满足自己的私欲，甚至很难在社会上获得立足之地。

聪明不过是一时的，德行却是一世的。现代人精于算计，总是想为自己而活，最后发现自己越活越没意思；总是怕吃亏、怕上当，时时刻刻计算性价比，有一点付出就要得到相应的回报，最后发现自己活得汲汲营营、畏首畏尾。利他才能利己，利别人的人才能利自己。为别人创造价值，其实才是活出了自己的生命价值。为别人而活，才是为自己而活。这些都是大自然的教导，都是大自然最高级、最纯粹心灵品质的呈现。

“道大，天大，地大，人亦大。”人能与天地道相提并论，说明人本来应有同样的“公道”“良心”。“人皆有是心，心皆具是理，心即理也”“心外无物、心外无理”。人被称为万物之灵的根本原因在于人有通理之心，人在心灵精神层面可以站在更高的维度。

所以人本该“观乎人文，以化成天下”“以辅万物之自然而不敢为”“于一虫一蚁不忍伤残，一缕一丝勿容贪冒，便可为万物立命、天地立心矣”。但反观人类，贪婪攫取和巧取豪夺，造成动植物数量和种类的不断减少，乃至灭绝，且人类“不以为耻反以为荣”，继续毫无敬畏、不知悔改地排放、泄漏、生产、制造各种污染物和各种有毒物到大自然之中。人类世界也是拼命占有夺取、操控操纵、争权夺利，拼命让自己比别人拥有得更多、占有得更多，而丢弃了“公道”“良心”。人类的贪婪和攫取如果愈演愈烈，最终必然对人类自身的生存造成威胁，那就是“搬起石头砸自己的脚”，最终只能自讨苦吃、自食其果。

王阳明说：“仁者，人天浑化，万物为一，其中有生生不息之机，唯顺其而用之。功在社稷而不占其有，恩泽万民而不宰其能，是以情顺万物而无情，心普万物而无心。”一体同仁者，方能了解人天合一、万物为一的道理。

“天地所以能长且久者，以其不自生也，故能长生。”大自然没有自我中心、没有自私自利，所以才能生生不息、长长久久地运行。古语亦说：“天不言自高，地不言自厚，以万物为参照，可洞观一己之不足。”人应该效法天地，不偏不倚，不占为己有，事事利他而行，才能获得和谐生活。当人类能够视万物为一体，体悟到心中与万物相合的本性，才能进入“无为而无不为”的超凡化境。

天地大自然呈现的是“无我无私”的智慧。“无我无私”听起来非常理想主义，其实是真正实用、务实的宇宙法则。因为大自然所有的东西不是互不相干的，而是一体共存的，大家共同居住在“地球村”中，大家一起构成了一个“一荣俱荣，一损俱损”的生命共同体。

天地为万物所共有共用，我们共有共用的空气、水、食物，都是你中有我、我中有你。我们生活在万事万物之中，我们又最终亡于万事万物中，一切都是“质能互换”“质能守恒”。我们“生生灭灭”，又在万事万物中“不生不灭”。正所谓“彼出于是，是亦因彼”“非彼无我，非我无所取”。所以只有无明愚痴的人才会排斥自己的同胞骨肉，智慧清醒的人都是最大限度地发挥自己对万物生灵的价值，以看似“无我无私”的“大爱大德”，最大限度实现了自我，活出了最高版本的自己，这样才是真正的“自我实现”“自我成长”，才是真正意义上的“成功”“赢家”。

“圣人以至道修身，以道莅天下，治国如烹小鱼，乃握其机而达‘参赞化育’之境，内外两忘，观天之道，执天之行也。”人居天地之中，应该善尽参与天地化育万物的责任，不能推卸责任，不能懈怠推诿，要参与到化育万物的行动中，弥补天地化育之不足，不留道义上的任何缺憾。

海洋中“一鲸落万物生”，一只鲸鱼死亡掉落海底，它的尸体可以供养海底生态系统百年之久，人们说这是世界上最浪漫的死亡，生于大海，死亦归于大海，一生一死都在回馈着生它养它的海洋，这样的自然生物不由得让人心生敬意和尊重。

所谓“死而不亡者寿”，动植物“虽死犹生”的死亡又何尝不是其伟大的重生呢！世界上所有的动物、植物、微生物尚且如此地“化育万物”，而反观我们人类自身呢？这个世界上，只有人类具有语言及精神意识，可我们没有成为帮助万物的“万物之灵”，反而选择成为贪婪掠夺、索取无度的“万物之贼”。

“青青翠竹，悉是法身；郁郁黄花，无非般若。”大自然向我们展示的是天下大同、和合共存、物无贵贱的光明世界，而不是谋取私利、制造纷争、区别高低贵贱的黑暗世界。“天地不仁，以万物为刍狗；圣人不仁，以百姓为刍狗。”我们以大自然为师，向大自然学习，就是要以诚敬的心态学习大自然呈现的“阳光普照、天地无亲”之“德”，要以恭敬的心态学习大自然“看似无情却有情”的公平之“仁”。

既然如此，那么人的管理制度自然要致力于成就“敬天礼圣、天人合一、以和为尚”的氛围和环境。实施法治手段也好，使用人治手段也罢，都要用“道德、仁义、礼智”作为其核心准则和根本准绳，最大限度地做到公平公正、不偏不倚、平等对待，不“双标”，不“偏心”，不“营私”，如此才能实现“不自生，故能长生”“不自私，故能成其私”的管理效果。

所谓管理，管理的始终是人心，而不是管住人的手和脚，如果各种管理制度、管理法令、管理氛围造成人与人之间的冲突、对立、算计和恶性竞争的态势，这样的管理绝对与组织目标相背离。在正确的管理之下，人与人的心应该越来越接近，情义变得越来越无价。“生亦我所欲也，义亦我所欲也，二者不可得兼，舍生而取义者也。”人与人之间只有相互帮助、相互成全、相辅相成、相互补缺，才说明管理走向了康庄大道。

管理中的所有制度和活动都是为了成就人，成就善人、成就忠义仁勇之人，都是为了“立德树人”，提升人的品德和做人修养。教育管理不能违反自然，不能扭曲人的心性，不能培养精致的利己主义者，不能只是表面上看起来“好看”，不能为了面子、为了私心、为了野心、为了贪心、为了虚荣、为了浮华而管理，否则必然走向南辕北辙、本末倒置的错误道路和可悲结局。

管理制度如此，作为管理者亦是如此，如果一个管理者的自我和主观性太强，执着于某个结果，心中贪欲纷飞，没有长远观念，没有敬畏之心，只凭自我喜好去做事，就容易陷入自我的执念和短期主义行为之中。

作为一个管理者，要有“仁义礼智信，温良恭俭让”的自我修养，要有“心诚意正思虑除，顺理修身去烦恼”的修为，要有“行善积德，重义轻利”的初心及“凭‘良心’做事”的态度，还要有“参天地之化育”的视野，以及“补圆”“圆融”人事物中各种不足、各类缺憾的智慧，而这一切品质都需要将自我、小我融入天地万物之中。好比每个人都是一滴水，如果不融入江海，必然有干涸的一天。只有融入进去，才能成为江海，才能永存永续。

作为一个管理者，不能低看任何一个组织成员。一个组织的水平取决于成员中的最低水平者，而不是最高水平者。组织成员之间如果不能互相补充，就只能相互消耗、相互对立。一个人的优势不一定能成为组织的优势，但一个人的短板，往往会成为整个组织的短板。规避最短木板决定木桶容量的问题，需要我们好好思考和使用中国传统文化中取人长补己短的智慧：“人之行能不能兼备，弃其所短，取其所长”“能以人之长续其短，以人之厚补其薄”。个体的优秀固然重要，但毕竟是单兵作战，只有与其他队员团结合作，才能让团队永续生存，否则团队被淘汰，个体又安能存在？即所谓“皮之不存，毛将焉附”！

某摄影团队曾捕捉到一幅相互照拂相互配合的“狼群行军”画面：第一批次是3只年迈的老狼、病狼，它们拥有一定的经验和阅历，在队伍的最前面开路，便于及时识别可能的危险，同时也避免它们行走缓慢而掉队，此外它们也随时做好了为狼群牺牲的准备；第二批次是紧随其后的5只强壮年轻的狼，如果狼群受到前方攻击，可以及时在老狼的领导下保护前翼，并保护老狼、弱狼；第三批次是母狼和幼狼，被前面和后面强壮的狼只保护在正中间；第四批次是5只最强壮和最厉害的狼，保护在队伍的后翼；第五批次则是走在最后的狼王，肩负着首领的责任与义务，一边观察队伍，确保没有任何队员掉队，一边断后，如遇危险，则由狼王领导第四批次的壮狼进行防御或者进攻。

大自然的动物尚且懂得帮扶协作、合作共赢，组织分工与合作，处处充满智慧和友爱，不会抛弃老狼、病狼，更是爱护幼狼、弱狼，更何况作为万物之灵的人类呢？所以不要把任何管理做成一个竞争无度、投机取巧、绩效无上限、人人拼命三郎式的张扬跋扈、声嘶力竭的外向型管理模式，真正的管理永远专注于同心同德、团结一致、收心敛性、脚踏实地、长期主义的内向型管理模式，合作共赢、互通有无、相辅相成、众志成城、人心齐泰山移，这才是管理的真义。

大自然所有的成果都是慢慢获得的，短平快的事情都是人类操之过急。一颗种子尚且需要经历冬藏、春种、夏长，才能秋收，何况人乎？植物的生长发育、开花结果都是缓慢进行的，人从受孕到出生也要经历九个月的时间，从出生到长大，再到衰老死亡也要经历几十年的漫漫岁月。所有自然的东西都是缓慢的，都需要时间的浇灌。

对人的管理同样需要慢慢来，特别是教育行业，更是培养人、育人为先的行业。在培养人方面永远都是“事缓则圆，人缓则安”。长期投入耐心、爱与智慧，允许其自然缓慢地成长，学会耐心等待，才能造就德才兼备的人才，才能获得沉淀一切后的惊喜和丰收。

管理的本质和目的是追求合理的平衡以及内心的安宁。求好求强，追求做大做强的世俗成功，都要适可而止，把握一定的度。有“上”进心，同时也要有“止”心。为子孙、为他人、为世界多留些余地，才能行得端坐得正、站得高看得远。

2. 天人合一思想在管理中的应用：利而不害为而不争管理

管理从“明理”出发，而非从“名利”出发。“让则有余，争则不足”“兼相爱、交相利”，大家互帮互助。人类与天地万物也是互利共生、融合互补的共生体系。天人合一就是体会到我们与万物之间本是命运共同体，在地球这个共生体系中，相互之间利而不害、为而不争，才是指导这个共生体系的共识秩序。这个共识秩序只有成为人类的共识，才能建构起来相辅相成的共生体系。只有建立在“利而不害为而不争”这一共识体系基础上的共生体系，才能持续维护人类生存与文明的延续。

命运共同体可以用人体的万亿细胞共生共存之事实来比喻和解释。人体的万亿细胞来自哪里？来自宇宙万物中的一切。人体38万亿个细胞是回收的昆虫、植物、岩石、溪流、木柴、动物骨骼、鲨鱼牙齿等被分解成最小的部分后，重新组合构建而成。我们不只是生活在地球上的生物，我们的身体亦是地球的浓缩版。

“宇宙大人身，人身小宇宙。”外在宇宙是我们的外在身体，而人体是我们的内在身体，外在宇宙和人体宇宙同频共振构成一个天人合一的大宇宙。“须弥藏芥子，芥子纳须弥”，高大的须弥山能够含藏小小的芥菜种子，小小的芥菜种子也能够容纳高大的须弥山。还有，“刹那即永恒”“色即是空，空即是色”……现象界虽然有大小、快慢、得失、好坏、祸福、义利的差别概念，但从真理的世界看，大中有小，小中有大，快中有慢，慢中有快，得中有失，失中有得，好中有坏，坏中有好，祸中有福，福中有祸，面包中有情义，情义中有面包，财富中有道义，道义中有财富。真理世界是大小互融、平等无差的境界，一草一木、一花一树，万物都是我们生命的组成部分，我们亦是它们的组成部分。我们有责任更友好地相处，并且保护和珍惜所有的一切，哪里可以分割出你我他的界限？哪里会有你我他的真正区别呢？

把人体作为一个整体看，人体拥有万亿细胞；从细胞个体来讲，它们又是相对独立的“个体”，各自拥有自身的小系统。基于一个生命整体而言，这万亿细胞相互关联构成一个“系统”，它们之间就是“唇亡齿寒”“皮之不存，毛将焉附”“覆巢无完卵”之共生共荣的“命运共同体”关系。

每个独立细胞从整体系统中获取它们需要的物质和能量，而每个独立细胞又向整体贡献着它们应有的作用和功能。因为每个独立细胞都在奉献自己，且每个独立细胞之间又能实现相互协同，所以才能成就整体系统的活力和生机，而被成就了的整体系统的活力和生机又供养和激活了每个独立细胞。

个体与整体之间是相互依存、协同共生、荣辱与共、相互融通、相互成就、紧密关联的关系，是“打断骨头连着筋”“藕断丝连”的关系，是“心连着心、手牵着手”的关系，是“同甘共苦、和衷共济”的关系。在天地之间，没有任何可以孤立存在的事物，它们之间也没有高低贵贱之分，只有角色分工和所处位置的不同。无论是大整体还是小整体，无论是大系统还是小系统，它们总是归于“一”。

现实中的例子不胜枚举，我国黔东南地区的人们千年来坚守着与大自然万物共生的传统，主动顺应融入大自然生态系统。他们通过稻田养鱼、养鸭的方式保护生物多样性，同时可以控制病虫害、调节气候、涵养水源。鸭子在水里觅食，荤素搭配取食水草、小虫。逐渐长大的田鱼喜食浮游生物、浮萍和稻花。鸭鱼所排出的粪便则融入田里，完成优质肥料的就地转化，对水稻高产、稳产发挥了重要作用。而且，鸭鱼的活动抑制杂草、杂鱼和害虫的出现，搅浑田水，在某种程度上代替了人工薅秧除草、人工施肥的工作。这样的生产系统实现了人类生产生活与环境协同发展，还有效留存了遗传资源丰富多样的糯稻、鲤鱼、水鸭等地方品种。

“道”是“利而不害为而不争”。人与人之间，你补我的缺，我补你的缺，大家相互成全、彼此成就，才能组合成圆满。人与万物之间，也是同样的道理，人补物的缺，物补人的缺，和平共处、共生共荣才能周全圆满。不仅如此，一个物拥有的价值越大，越会被“公有”，如水、空气。同样地，一个人拥有的才华和能力越大，也越应被“共有”。人类在万物中能力最大、愿力最强，就更应该利他，更应该为“公”作出最大的“共有”贡献。但如果人类背此“公道”而驰，那么将会面临巨大的问题、麻烦、劫难和祸患。

以牺牲环境和万物来换取财富财产的增加，以过度消费和浪费来换取经济的增长，以暴力和战争来换取疆土势力的扩张，以欲壑难填和功名利禄来换取利益的累积，是无明的行为，是愚痴的认知。崇奉私欲私利、不利他不合作的社会有极大的“基因缺陷”，当人类集体缺乏共同体忧患意识之时，人类将无法自救；当人类能够超越血缘、地缘、亲缘、业缘之界限，寻求更大的合作和共享，奉献最高的共情、仁义和自省的时候，人类才能得到自我救赎。

萃取“天人合一”之理的内涵实质，不难发现万物之间不应该是相互鄙视、相互仇视、相互伤害的。我们人类不应该实施二元对立、弱肉强食、丛林法则的管理模式。零和游戏、赢者通吃、强权政治是违背天道、违背公理的。自私自利、各自为政，各自站在自我的立场服务于自我的利益，而不遵循共同的天理，不能“以理相通”，更是反人性、反人类的行为。以上这些行为最终会导致失序、混乱、战争和灭亡。

一撇一捺相互支撑、相互扶持，才能写出一个完整的“人”字。如果今天竭泽而渔、杀鸡取卵、开采无度、骄奢淫逸，样样都索取最好的，那么明天我们就会变得冷冷清清、凄凄惨惨。如果今天不管他人死活，让别人无路可走，那么明天我们就会被人拉下马、拽下车、拖出屋。如果今天拼命污染河流、污染土地，增加自己的财富，满足自己的贪欲，明天我们恐怕就没有水喝、没有粮食吃，落得饿殍遍野、哀鸿遍野的下场。

所以《道德经》第三十九章说：“昔之得一者：天得一以清，地得一以宁，神得一以灵，谷得一以盈，万物得一以生，侯王得一以为天下正。其致之也。谓天无以清，将恐裂；地无以宁，将恐废；神无以灵，将恐歇；谷无以盈，将恐竭；万物无以生，将恐灭；侯王无以正，将恐蹶。故贵以贱为本，高以下为基。是以侯王自称孤、寡、不谷。此非以贱为本邪？非乎？故至誉无誉。是故不欲琭琭如玉，珞珞如石。”

《道德经》第三十九章的意思是说，让天失去了“合一”之道，天就不清明，不清明的天恐怕早晚会崩裂；让地失去了“合一”之道，地就不安宁，不安宁的地恐怕早晚会塌陷；让神失去了“合一”之道，神就不灵验，不灵验的神恐怕早晚会消失；让谷物失去了“合一”之道，谷物就无法颗粒饱满，无法盈满的谷物恐怕早晚会枯竭；让万物失去了“合一”之道，就没有辅助，没有辅助的万物恐怕早晚会灭绝；管理者如果失去了“合一”之道，偏私不公，导致人心不齐，他所统领的王国恐怕早晚会倾覆。所以说，无论是天、地、神，还是谷物、万物生灵乃至人，都是同一个道理。这里所谓不合一，是指只索取不贡献，只耗费不养护，只掠夺不分享，只征服不心服，没有共同体概念，没有收敛克制的心性，把万物分割为贵贱高下，这些都不合整体之道的“一”。

如果人类向太空发送过多太空垃圾而扰乱太空，则使“天无以清”，如此下去恐怕人类早晚会毁灭；如果人类不断开采石油煤矿等地下资源，使“地无以宁”，恐怕早晚导致地震、火灾等各种地质灾难；如果人的精气神天天耗费，刷剧、网购、玩游戏，贪欲纷纷而不知收敛，“神无以灵”，最后恐怕会成为“神经病”；如果人类伤害生态系统，造成生态环境恶化，物种灭绝，全球变暖，万物失去相互扶持，万物将不能再生，谷物将无法长得饱满，恐怕一切都要饿死、灭绝了。这个世界贵贱高下本无分别，贵贱高下之间都是依赖关系，而非对立关系，如果我们用对立的视角将之二分，最终必然得其所受、受其所累。

我们耳熟能详的“天道不可违，人道不可欺”“人善人欺，天不欺”“小胜靠智，大胜靠德”，这些都是与天道天理、公道良心相契合的至理名言，都是劝人走正道、走正途的行为准则。“圣人不积，既以为人，己愈有，既以与人，己愈多。”圣人并不需要积蓄和占有，帮助他人越多，自己就越充足；给予他人越多，自己就越丰富。上天的规律，是有利于万事万物而不去妨害；圣人的准则，是有所作为但绝不为自己而作为。有贪欲的人会遭受物欲之害，而无贪欲之圣人自然避开物欲之害。有纷争的人会遭受匮乏之苦，而圣人因为无纷争自然获得丰足之乐。圣人不囤积财富，不积聚权势。囤积财富权势的人会痛苦、忧愁和恐惧。圣人越是帮助别人，自己就越富有；越是给予别人，自己得到的就越多。可见圣人积德不积财，圣人培养仁爱与给予的能力，坚持无我利他的精神，心系他人、心系社会，如此，才能把路走得越来越宽、越来越远。

“爱人者，人恒爱之，敬人者，人恒敬之；助人者，人恒助之”“人穷有德终有富，人富无德终是穷”。这些信念绝对不是为了束缚我们、限制我们，而是为了保护我们、护佑我们。只有牢牢坚守“天之道，利而不害，圣人之道，为而不争”的天人合一准则，我们才能永续生存、生生不息。

中国人信奉“顺天道而昌，逆天道而亡”“德不配位，必有灾殃；德薄而位尊，智小而谋大，力小而任重，鲜不及矣”。赢得了一切却失去人心是最不经济、最不划算的行为，逆天道而为更是

“自作孽不可活”的行径，是自我毁灭、自掘坟墓的举动。

所以无论从何种角度来看，传统文化都不是道德绑架，也不是在对自私多欲的人作出批评和评判，而是谆谆教导我们的避坑指南，是在苦口婆心教导我们这些后辈，如何保护好自己，如何成就自己。因为自私多欲看起来只是小私心，殊不知这样的小私是做人的大漏洞，小私是对自己的成长发展非常不利的观念，小私常常导致“竹篮打水一场空”。我们之所以倡导大道为公之行，主张从人生价值、理想愿景、人品贵重方面改造自己，是因为“厚德”才能“载物”，大德方能聚人聚财，大德方能容天下，如此才能很好地保护自己、成就自己。

中国是礼仪之邦，我们讲究“不战而屈人之兵”，以大军临敌而没有伤亡、兵不血刃的方式定输赢，才是真正的用兵如神。战争的最高智慧是不出手，因为未出手时胜负已定。如何定呢？“大道”所决定的“人心向背”早已定好输赢。“天理昭昭，公道自在人心”“得人心者得天下”“得道者多助，失道者寡助”，这样的“人心向背”不仅是历朝历代更迭的写照，更是指导我们修齐治平的管理罗盘。

中国人相信的“管理”是“以人治人”“以德服人”，绝非“以罚服人”“以利治人”“以力服人”。“以人治人”“以德服人”的管理是心对心的管理，是心意联结心意的管理。只有以心对心、将心比心、以心换心，才能取得长远的管理效果。只是在形式上、程序上、语言上、制度上、利益上管住别人的手、脚、嘴，是没有用的，最多只能取得眼前的、表面的、微薄的管理效果。

“人心换人心，八两换半斤。”管理是将心比心、以心换心的管理。以人心得天下，以仁心换人心，即以德服人，以礼待人，以情感人，晓之以理，动之以情，甚至以德报怨。这样的中国式管理是“利而不害，为而不争”的，这样的中国式管理是最低成本的管理，是最低消耗的管理，甚至是零成本、零耗损的管理。

中国传统文化有《礼记》之“大同思想”这样的最高社会理想：“大道之行也，天下为公。选贤与能，讲信修睦，故人不独亲其亲，不独子其子，使老有所终，壮有所用，幼有所长，矜、寡、孤、独、废疾者皆有所养。男有分，女有归。货恶其弃于地也，不必藏于己；力恶其不出于身也，不必为己。是故谋闭而不兴，盗窃乱贼而不作，故外户而不闭，是谓大同。”

当大道施行于天下，就可以实现天下为公的大同社会。在大同社会，人们选拔德才兼备的人才来治理国家，人与人之间讲究信用，和睦相处。人们不仅关心自己的亲人，也关心其他人的亲人；不只关心自己的子女，也关心其他人的子女。大同社会让老年人老有所养，让壮年人壮有所用，让小孩子幼有所长，让鳏寡孤独及残疾者皆能得到照顾和帮助；让男子有正当职业，能够养家糊口；让女子有合适归宿，能够过上幸福生活；人们厌恶浪费，不会丢弃财物，更不会私藏囤积财物在自己手里；人们只会恐忧没有贡献出自己的力量，绝不会为了自己的私利而使用自己的力量；在这样的大同社会，阴谋欺诈、盗窃掠夺不会发生，人们夜不闭户、路不拾遗，安全无虞、人人平等。如此之美的大同社会，是中国人自古以来的梦想。而要实现如此之美的大同社会，就要应用“万物并育而不相害。道并行而不相悖”“小德川流；大德敦化”的共处之道。

大同社会，大同小异、求同存异，天地万物一起生长而互不妨害，且相互助益，天地万物遵循各自的规律而互不冲突，又相互补圆。我们的阴阳太极图就非常形象地说明了这个公道天理。太极图以相互环抱的两个阴阳鱼组成圆形图案，且阴阳中的鱼眼，阴中含阳，阳中含阴，阴鱼与阳鱼互斥即互补，且阴阳鱼弓身合抱，彼此配合，彼此补偿，看似委曲求全，其实相互成全。如果各自为政或者僵直死板，那么不仅大家都难以抱团向前，而且会冲破保护我们各自的界限，让大家统统陷入困境。

如果我们的决策决定、科学技术在当前有一定的利益，但对未来有一定的损害，那么这样的决策和科技就是有缺陷的，有缺陷的决策和科技会导致我们的行为出现偏差。

我们始终都要了解，这个世界不是一条直线，而是一个圆、一个整体，所有扔出去的东西，都会以另一种形式“回旋”回来。人们的决策、发明绝对不能偏离天道公理，否则必然造成生态恶化和人为灾害，而这种恶化和灾难最终会如同“回旋镖”一样“反击”人们自身。成全他人，反而是成全自己，损害他人，一定会损害自己。一切恶果不过是因果不虚、自作自受、咎由自取、自取其祸。一切“善果”也一定是当年自己所种的“善因”所结出的果报。

《道德经》说，“江海所以能为百谷王者，以其善下之，故能为百谷王”“以其不争，故天下莫能与之争”。江海之所以能成为百川河流汇集的王者，成为百川归附的对象，成为千百河谷的统帅，是因为江海居于百川之下，百川终将汇聚于位于低处的江海，百川归属江海自然成就了江海的浩瀚。真正的智者，尊重他人，放低自己，心中有敬畏，眼里有他人，人皆敬之、爱之、推崇之，所以这样的人根本不需要去争，但天下人皆愿意给之予之，没有人能和他相提并论、并驾齐驱。《六韬·发启》也说："利天下者，天下启之；害天下者，天下闭之。"为天下谋利益的，天下人都会欢迎他；使天下人受害的，天下人都会反对他。

当然，我们所谓的"不争之德"不是任人欺负、懦弱无能、随波逐流，也不是放弃躺平。当我们心中有合一之道，心中有不争之德，即使面对强权、霸权、欺凌、不公，心中之德也会给予我们足够的勇气去纠偏，足够的智慧去阻止坏人作恶，足够的人心所向不让败德缺德的风气形成。只要有足够厚重的德行，就一定有足够的智慧和创造力维护"不争之德"，并让"不争之德"蔚然成风。

拥有"不争之德"的人是有德之人，有德之人在日常工作生活中能够崇尚和合、和平、和谐，愿意多做善事、多积德，为人做事明理讲理、懂分寸知进退，具备辨别是非对错的能力，能够慎重选择自己所要走的道路，能在具体情境中安守本分、凭"良心"和"公心"找出自己的合理定位，懂得争和不争的合理界限，信奉奉献与收获成正比而不会投机取巧，既能拿得起也能适时放下，做事既能照顾自己也能照顾别人，既能反思自己的过错，又能及时改正并承担自己应该承担的责任。当每个人都成为拥有"不争之德"的人，我们的社会环境和社会关系一定能大幅提升人们的幸福感。

中华优秀传统文化著作《易经》《道德经》《论语》《黄帝内经》

等都是研究天地人万物合一的学问，我们的祖先善于把人事问题与天地自然现象类比，从自然天道中寻找人类行为的合理路径，用天地万物的事理模拟人类的行为规范，通过敬天顺地、法天则地，摆正自己的位置，完善自己的德行，完成自身的使命，达成人类与自然的和谐、人与人之间的和谐、人内在身心的和谐。

天人合一之自身和谐，就是心神合一、身心合一的状态。《道德经》所说的“道常无为而无不为”之境，孔子所说的“从心所欲，不逾矩”之态，都是心神合一后所达到的状态。心神合一，就是在生命的每个当下全心全意地做事，以空杯的心态做事，以心外无物的方式做事，以沉浸的形式做事，以精神内守的状态做事，以纯净光明的心性做事，这就是天人合一之心神合一。

有德之人，可以心神合一地做事。心神合一是传统文化评价一个人修养德行坚韧深厚的一个重要指标。所谓“五心不定，输个干净”“六神无主，处处挨打”，一个人之所以能够心神合一，就是去除了私心杂念，做到了万念归一。

心神合一的“心”是正心，是“良心”，是感恩的心、知恩图报的心，是善心、公心，心安理得、问心无愧的心，也是安心，安定清静的心。心神合一的“神”是人的元气，是人的精神，是人的磁场。当人“贪嗔痴慢疑”“怨恨恼怒烦”，就会伤害人的精神、损耗人的元神，就会表现出愚昧、放纵、戾气、邪恶、执拗、偏激、物欲横流、心灵异化的负面心性。只有心性上保持“仁义礼智信”“温良恭俭让”的状态，才能在做事的时候做到全神贯注、心神合一，心神合一则可培本固元、扶正驱邪、减少灾难、造福自身。

有德之人，知恩感恩报恩。“天地有道，万物知恩。”一个人，只有心存感恩，看到天地父母的恩情，找到他人的好处，找到万物的好处，才能与天地人万物合一。人活在这世上，时时刻刻都接受着“天地盖载恩、日月照临恩、国法保护恩、父母养育恩”这“四重深恩”。人既受此四恩，皆须感念报答，用一生做一个对大自然、家庭、国家、社会有回报有贡献的人，这就是知恩、感恩、报恩，这就是与天地万物的合一。

假如没有天地，没有世间万物，也就不会有我们人类，假如没有生养我们的父母，也就不会有我们的存在。“天生万物以养人，人无一德以报天。”上天滋养化育动植万物，为人类提供生存所需要的一切资源，但人却不知感恩，没有用一点点善行善德去回报天地之恩。即使我们有善意回报天地，我们的报答又怎及万一！生而为人，至少要用“常快乐”来礼赞生命，如果反其道而行，逆天而为，每天怨天尤人，或者自怨自艾、抑郁痛苦，必然会自取祸端、作茧自缚。

人与天地万物皆是“一体不二”，作为万物之灵的人类，要爱护、珍惜、维护万物。天无私覆，地无私载，日月无私照，万物皆为人共有共用，父母无私的养育，就是告诉我们不要做自私自利的人，不要无休止地攫取纷争、穷兵黩武，要不断净化心灵，淡化贪念，用人类独有的智慧和关怀，用自己的幸福和笑容，让人间处处净土，让世间一切有情无情皆得护佑。

我们中国人相信“滴水之恩，当涌泉相报”“吃水不忘挖井人”“谁知盘中餐，粒粒皆辛苦”“知恩图报，善莫大焉”！我们要从自身做起，从小事做起，不断提升自己的品德修养，珍惜大自然所赐予的一切，保护生态环境，爱护大自然，与同类和万物生灵同生共存、互爱互助，关爱我们共同的世界，以回报天地父母之恩。

人与天地万物合一，则为“万物之灵”；人与天地相悖，不能敬天顺地，且与万物相争，与同类相互争夺，则为“万物之贼”。人之所以异于禽兽，之所以为人者，“非特以二足而无毛也，以其有辨也”。何谓有辨？即能辨别是非、善恶、美丑。人之所以为人，在于人有识别判断之“心”，这颗“心”是恻隐之心、羞恶之心、辞让之心、是非之心。“无恻隐之心，非人也；无羞恶之心，非人也；无辞让之心，非人也；无是非之心，非人也。恻隐之心，仁之端也；羞恶之心，义之端也；辞让之心，礼之端也；是非之心，智之端也。”人有此四心，才能感通万物，感应天地，与天地万物相呼应，才能“为天地立心，为生民立命，为往圣继绝学，为万世开太平”。一分虔敬，一分感应。当一个人内心的德行修为至真至纯至善，自然能够感同身受、换位思考，自然能够爱惜万物，与所有的一切建立和谐良善的关系，也自然能够做到将自我融入天地万物之中，活出自我的价值和生命的意义。

“万物并育而不相害；道并行而不相悖。小德川流；大德敦化。”天道教育我们必须奉行不悖的管理之“理”就是要有不争之德。小德可以学川流，永远向低处走，润物细无声，大德可以学天地，宽宏博大，化育万物而默默无声。小德大德都是“生而不有，为而不恃，长而不宰”。其中完全没有暴力，没有侵犯，没有私欲，如此大家才能一起组成一个大家庭，一个地球村，一个丰富多元、美丽和谐、各美其美、美美与共的家园。这才是天地自然之合一之道。

不争之德，对于圣贤而言，其自身就行在道上，所以可以“从心所欲，不逾矩”，根本无须外求，无须他律约束。而对于我们普通人来说，不争之德就是有德才得道，让自己有德，就是让别人有所“得”，自己才能得“德”，别人有得，自己才能有所得。“厚德”才能“载物”，德行越厚，能够驾驭的物就越多，载物须有厚德，没有厚德何以载物？这正如陶行知先生所言：“道德是做人的根本。根本一坏，纵然你有一些学问和本领，也无甚用处。”所以普通人始终要用道德考量自己的一言一行，把自己的心性与德行修养、道德伦理牢牢绑定，将内心明了的理与实践的道合一，自始至终要求自己做一个名副其实的大写的人。

3. 天人合一思想在管理中的应用：致中和管理

“致中和，天地位焉，万物育焉。”致中和的“和”是“礼之用，和为贵”的和，是“天时不如地利，地利不如人和”的和，是“发而皆中节，谓之和”的和。中华民族喜“和”而不喜纷争，“和气致祥，乖气致戾”，“和”反映了中华文化中的“合于大道”的“不争之德”。

“致中和”的“中”，表达的是客观中立的中。“君子和而不同，小人同而不和。”作为管理者必须常常处于“中”，能够尽量做到不偏不倚、恰到好处、恰如其分。言语上不能过于偏激，也不能僵化；行为上不能过于跳跃，也不能过于死板；不要妄自菲薄，也不要妄自尊大，要常常处于“中和”的状态。

“中和”意味着更多的弹性和调整空间，既要根据情势变化调整气氛和方式，也要在行为上保持一定的稳定性和可持续性。“中和”，是协调、和谐，也是宽容、谦让。“处世让一步为高，退步即进步的根本；待人宽一分是福，利人是利己的根基。”“中和”在个人管理上体现为把自身的情绪、情感、感受调整到“中和”协调的状态，既不矫枉过正，也不有枉不矫；在家庭管理方面，要做到“家和万事兴”，一家人和谐和睦地生活，家庭才能兴旺发达；在事业管理方面，要秉持“和气生财”，内心和善是一种为人处世的修为，和气经营是经商之道，大家共利共赢、共享利益，而且能够“得理让三分”“买卖不成人情在”，这样事业才能蒸蒸日上、招财进宝；在国家管理方面，要“政通人和”，政治清明，国泰民安，人民安居乐业，社会安定祥和，环境天清地宁，上下齐心才能和谐共生、携手共进；在天下管理方面，则要太平之时和平共处，有灾有难之时同心协力、和衷共济，共同克服困难。

“中和”是互助和合作。“互害”“相争”不是道，“中和”才是“大道”的基础，而“大道”就是互助合作。零和游戏不是天道公理，合作共赢才是天道公理。我们耳熟能详的谚语，诸如“众人拾柴火焰高”“砖连砖成墙，瓦连瓦成房”“一个好汉三个帮，一个篱笆三根桩”“众人一条心，黄土变成金”“滴水不成海，独木难成林”“一花独放不是春，百花齐放春满园”“一争两丑，一让两有”等，都在讲相帮相助的社会道理。

无论时代如何变化，无论世事如何变迁，“中和”所传递的“不争之德”文化是个体、家庭、组织、社会、国家、天下最完美的形态。中华民族要将“天之道，利而不害；圣人之道，为而不争”的文化内核传播推广至整个天下，致力于让天下永远和平、安宁。

“和”也包含合作、协作的意思。孙中山曾把中国传统文化的底层逻辑总结为“互助进化论”，并将其与西方的“物竞天择适者生存”的“物种进化论”进行对比。他说：“物种由微而显，由简而繁，本物竞天择之原则，经几许优胜劣败，生存淘汰，新陈代谢，千百万年，而人类乃成。人类初出之时，亦与禽兽无异；再经几许万年之进化，而始长成人性。而人类之进化，于是乎起源。此期之进化原则，则与物种之进化原则不同：物种以竞争为原则，人类则以互助为原则。社会国家者，互助之体也；道德仁义者，互助之用也。人类顺此原则则昌，不顺此原则则亡。”

挑起“社会达尔文主义”式的对立对抗是容易的，激发“互助进化”的“和”的社会则是困难的。虽然困难，但人类拥有自我改造的意识，作为万物之灵，是可以实现“和”文化的。如果人类对自己没有约束、没有高标准的要求，就只能不断走下坡路，只有时时摸着“良心”良知，才能让自己向善的同时，也与人为善。征服掠夺、争名逐利、弱肉强食、恃强凌弱绝不是解决问题的妙药，合作共赢、互惠互利、荣辱与共、休戚与共才是这个世界的灵丹。

生物进化中确实存在生存竞争，但任何生存竞争都是有边界的，合作永远是主流。也就是说，所有的生存必然存在一定的合作，而合作中存有的竞争都是一定限度内的竞争。蚂蚁这个物种之所以能够生存2亿年，靠的就是合作互助的生存习性，当大雨淹没它们的巢穴，蚂蚁们会首尾相连，紧紧地连在一起，在水面上漂浮形成“蚂蚁筏”，这让它们可以自由地呼吸，从而躲过蚁群的灭顶之灾。如遇洪水，蚂蚁群会抱团，以蚁后和蚁卵为中心，一圈圈地包围起来，形成一个球形的空气舱，就算外围的蚂蚁被洪水冲走，剩下的蚂蚁也依然坚守岗位，不至于全军覆灭、万劫不复。昆虫界尚如此，何况人类世界！

“致中和”是指遵循天下共同的法度和准则。“中”是天下最为根本的准则，“和”是天下共同遵循的法度。孟子说：“上下交征利，而国危矣。”当一个种族内部竞争极为激烈时，外敌就会乘虚而入，很容易导致种族灭绝；当一个企业内部竞争极为激烈时，天灾人祸、竞争对手的入侵，也很容易导致企业破产；当一个国家内部竞争极为激烈时，虎视眈眈的强敌、天灾人祸的不期而至，都容易导致国家灭亡。任何一个集体或团队，通过激烈竞争的方式相互夺利的人越少，合作互助的人越多，那么这个集体或团队在面对危机、自然灾难或者异族侵扰时生存下来的概率就越大。

靠竞争和相互夺利获得的只是蝇头小利，只有依靠合作才能获得长久深厚的红利。那些利用别人而使自己获利的人或组织，那些榨取他人价值完全不留余地的人或组织，或许能够获取短期的利益，但必然会失去长期的利益。因为人们或许因为忌惮或利益掣肘而暂时选择妥协与合作，但只要有可乘之机，必然会群起而攻之，让自私自利者落得众叛亲离的下场。最终，这个社会会形成这样的态势：“讲武德”的人会吸引更多“讲武德”的人，因为好人抱团，然后大家一起变得越来越好；而“不讲武德”的人则会一而再再而三地扎堆儿互相伤害，直到相互终结。

世间万物之间，竞争是暂时的、相对的，合作才是长久的、绝对的。人类世界存在竞争，但竞争必须是有限度的、有边界的，竞争必须先有限制竞争的社会伦理前提，才有竞争之说。没有限制竞争的伦理前提，竞争必然沦为相互内耗、相互倾轧、相互伤害。员工具有投桃报李的情义，领导具有关爱员工的仁义，这样的管理才有希望。如果上上下下都没有“良心”、没有同情心、没有正义感，这样的管理就不堪设想了。

“有机事者必有机心。机心存于胸中则纯白不备。纯白不备则神生不定，神生不定者，道之所不载也。”会投机取巧做事的人，必然有心机。有心机的人，心性中的纯粹洁白就会遭到破坏，导致自我设限，心神无法安定，也就无从得道。极尽心机、攻防算计、互不合作、相互拆台，除了败坏自己的德行，损害了自己的人脉和善缘，最终还会败坏行业的风气和社会的福祉，这样的管理完全违背了“致中和”之道。

“致中和”也是节制与表达的中和，即所谓“哀而不伤、怨而不怒”。《中庸》说：“喜怒哀乐之未发，谓之中；发而皆中节，谓之和。中也者，天下之大本也；和也者，天下之达道也。致中和，天地位焉，万物育焉。”喜怒哀乐的情绪没有发生，即为“中”；喜怒哀乐的情绪发生了，但都能适中，可以称之为“和”。人都有喜怒哀乐的情绪，人都有喜欢的和不喜欢的选择，但要根据应该还是不应该来决定哪些有所为、哪些有所不为，即便可以有所为，也要有所“节制”，无过也无不及，有进也有止，有退也有进，做事不极端，给自己和别人留余地，拿得起也放得下。找到一个适合自己的平衡点，既不要过分，也不要不足，恰到好处，这就是实现了“中和”。

达到了“中”与“和”，天地各安其位、各归其位，人也各成其事、各尽本分，万物生灵都能正常生长发育。因为同属整体的“一”，各归其位、各当其位，才能各得其所、各得安好。家庭中父亲母亲各尽其职、各尽其责，子女才能茁壮成长。社会岗位中，职位有高低之分，角色有主次之分，但都同样重要、不可或缺。农民的耕种、清洁工人的清理工作与精英“码农”们的脑力劳动同等重要，内修道德与外修谋略两者都不可或缺。在整个地球生物链中也是如此，缺少了其他生物的存在，人类就无法自在生存。

“致中和”也是保持原则与随机应变的中和。“好心也会办坏事”，好心却纵容了坏人，就是办了坏事。可见只有心好是不够的。一颗心必须首先明理、保持原则。即使为了办成好事，也要用正当的手段、应变的能力来实现，这也是“致中和”。

不偏不倚、不走极端、和谐自适的状态，就是致中和的状态；中医所讲的气血调和、阴阳平衡，也是“致中和”的状态；管理中，管理者既能坚持道理和原则，又能通权达变，既能关心人，又能兼顾任务，找到适合情境的“平衡点”“合理点”，这也是“致中和”的状态。

“致中和”是达成大家共同认同的合理。人人都希望扩大自己的自由，减少自身的限制和束缚，希望生活更加自由，社会更加公平。但是在资源有限、条件有限、机会有限的情况下，合理的自由、公平、公正才是我们的选择。从某种意义上说，“中和”之道就在于，不存在绝对的公平，合理的不公平与合理的公平相加，才是公平。不存在绝对的自由，合理的不自由与合理的自由相加，才是自由。

“致中和”的合理也是符合天道、地道、人道的合理。一个人所做的事情是真善美还是假恶丑，用自己的“良心”一衡量就见分晓，绝对不能偏离了“道”。“道”是不变的标准、原则、准则，是人的“良心”良知。在管理上，制度上的合理、公平、正义、自由都要在符合大家“良心”良知的界限之内，其次才是谋略、策略、方式方法上的随机应变，这才是“致中和”意义上的圆满。

“致中和”的合理也是“持中致和”的意思。管理上既要坚持原则，又能与大家和谐相处，才算是达到了“持中致和”。所谓“君子爱财，取之有道”“盗亦有道”，“持中致和”要遵循“道”的标准做事，即在符合“道”的前提下做到适当和合理。能用便宜药材治好病却偏用贵重药材的医院不是好医院，能给人带来享受却破坏生态环境的科技不是好科技，弱者被欺压而朱门酒肉臭的金钱社会不是好社会。一切都必须符合“道”，必须是正当的利益，是溢出的利益，是合道的利益，是合义的利益，是符合真善美的利益，是无咎之利，否则就是伪利，是无救之利、有害之“戾”、偏道之“戾”。放在管理上，就是无论要实现怎样的效率、达到怎样的利润，前提都是要让人做人事，让人做事能有做人的底线。

“致中和”是要符合道、合理的“中道”。符合道、合理的科学技术创新是合乎地球万物生灵利益和可持续发展的生态科技、绿色科技、节能科技。以“致中和”的中道来发展科技，推动人类文明，才能挽救人类自我中心主义造成的生态危机，才能摆脱人类自作自受、因果报应的危机命运。持之有度，中庸之道，人类需要时刻主动地“致中和”，在保护环境、保持生态的前提下，在“中正无邪”“和而不同”的前提下，大家合作、互利共赢，方能实现“合于道合于理”的“致中和”管理。

第二章 传统文化中的管理之“理”：德礼之治

《论语·为政》中有许多耳熟能详的管理思想：“为政以德，譬如北辰，居其所而众星共之”“《诗》三百，一言以蔽之，曰：‘思无邪’”“君子周而不比，小人比而不周”“学而不思则罔，思而不学则殆”“举直错诸枉，则民服；举枉错诸直，则民不服”“‘使民敬、忠以劝，如之何？’子曰：‘临之以庄，则敬；孝慈，则忠；举善而教不能，则劝’”等。

《论语·为政》强调用贤明之心对民众进行正义和道德上的教化。这并非要取消刑罚，而只是反对“不教而诛”。它用简明扼要的语言说明了管理之“理”，管理不是强调管理者在刑法制度和施政为政层面的见解和行为，而是重在“人”、重在对人以“仁”，是对“人”自身的作用给予特别的重视。以人为目的，强调每个人的道德自觉、每个主体的自我改造力量、每个生命境界可能的宽宏格局，以及每个个体可能的谦恭敬畏的智慧，强调对人的觉性尊严和内在自主自觉性的重视。所以管理重在以管理者的己心之德及内心感情的无私无邪，引领被管理者唤醒内省的勇气，自觉自愿、自动自发地反躬自省、实施行动，最终达到管理者与被管理者动机目的及结果上的合二为一。

一、道之以德齐之以礼

《论语·为政》中如下这段话极佳地说明了管理的真谛：“道之以政，齐之以刑，民免而无耻。道之以德，齐之以礼，有耻且格。”用政法和刑法来管理，人们虽然能免于触刑受罚，但其实并没有仁义廉耻之心，只是慑于政令刑法的严苛而不敢做错事及坏事。只要政令刑罚有些许的温和或者存有漏洞，人们就会做出不当的行为。“刻核太至，则必有不肖之心应之而不知其然也。”当外界过于苛责个体，个体就会产生“不肖之心”，导致人心混乱，“良心”丢失。但如果整个环境和制度做到了“道之以德，齐之以礼”，则人们不仅不会触犯刑法，而且常有仁义廉耻之心，能够自律自省，这样的社会环境也会更加融洽和谐。

可以说，在中国人眼里，有“德”加上有“礼”的行为举止即等于“合情合理”。一个人表现出完全的理性或完全的感性都是极端的，当一个人的行为表现既包含“德”的态度又包含“礼”的方式，就是说话做事既讲究分寸又合乎规矩，这就是合情合理，做到了合情合理就是具有了理性与感性相融合的智慧。

1. 管理他人的道之以德齐之以礼

正所谓“一规设，而一弊生”，管理上重用“政刑之治”，由于过于刚硬，只会让人产生畏惧之心而刻意避开法律的惩罚，却不能从内在动机上对人进行管理。政刑管理，常常只能管得了好人，却管不了坏人。

如果一个人劣迹斑斑，行为为人所不齿，乃至以一己之力带坏了社会风气，但只要法律没有相关规定，任何人也拿他没办法，他依然是一个“无罪”之人。不仅如此，所谓“破山中贼易，破心中贼难”，把人放在“政刑”之下，人更容易表现出伪善、虚伪、没有“良心”、不知廉耻的状态，这种风气之下好人越来越少，坏人越来越多，导致“劣币驱逐良币”，此种管理绝非治本之策。相比之下，把人放在“德礼”之上，人更容易表现出守礼、谦让、宽仁、守信等美德。在人与人相互影响下，“良币驱逐劣币”，社会风气会变得越来越好，这样的管理才是长治久安之举。

同时，管理上重用“政刑之治”，人们就会认为“法不禁止即可为”，甚至是只要法律没有禁止就胡作非为。这显然非常考验法律的完善性和深远度，虽然现代社会的法律相比古代王法完备详尽得多，但仍然需要各种废止令、修正案和补充条例来弥补法律中的空白或失误。这也从侧面说明法律无法做到尽善尽美。

此外，“政刑之治”的刚性管理成本相当之高，人情伤害也非常之大，甚至会让人产生抵触和逆反心理。对此，贾谊《治安策》中有这样的描述：“凡人之智，能见已然，不能见将然。夫礼者禁于将然之前，而法者禁于已然之后，是故法之所用易见，而礼之所为生难知也。”“曰礼云礼云者，贵绝恶于未萌，而起教于微眇，使民日迁善远罪而不自知也。”“安者非一日而安也，危者非一日而危也，皆以积渐然，不可不察也。人主之所积，在其取舍，以礼义治之者，积礼义；以刑罚治之者，积刑罚。刑罚积而民怨背，礼义积而民和亲。故世主欲民之善同，而所以使民善者或异。或道之以德教，或驱之以法令。道之以德教者，德教洽而民气乐；驱之以法令者，法令极而民风哀。哀乐之感，祸福之应也。”“汤武置天下于仁义礼乐，而德泽洽，禽兽草木广裕，德被蛮貊四夷，累子孙数十世，此天下所共闻也。秦王置天下于法令刑罚，德泽亡一有，而怨毒盈于世，下憎恶之如仇雠，祸几及身，子孙诛绝，此天下之所共见也。是非其明效大验邪！”

这段话的意思是说，礼的作用在于将某一行为制止在它发生之前，在于能将罪恶断绝于形成之前，从细微之处推行教化，使天下百姓日益趋向善良，远离罪恶，而自己却尚未觉察。法律则是对已发生的行为进行惩罚。所以法律的作用明显，而礼的作用却难以觉察。天下安定并非一日之功，天下危亡也非一日之因，都是日积月累渐渐形成的，因此，不可以不观察它的积累过程。君主所积聚的治国方法，在于他的选择。选择礼义方法治国便积聚礼义，选择刑罚治国便积聚刑罚。刑罚积聚到一定的程度，百姓就会心生埋怨而产生背叛，礼义积聚到一定程度，百姓就会和睦而产生亲近。用道德和教化进行开导的，随着道德和教化深入人心，民风就会变得和乐；用法令进行惩罚的，法令使用到极致，民风就会令人感到悲哀。哀乐的感受，便是应验祸福的东西。商汤王、周武王把天下安置在仁、义、礼、乐之上，因而恩德滋润天下，禽兽草木富饶，四方蛮夷都受到恩惠，王位留传子孙数十代，这是众所周知的。秦始皇把国家安置于法令、刑罚之上，因而怨恨充斥天下，百姓憎恶他如仇敌，所以祸及自身和子孙，这是天下人有目共睹的。可见，法令不如礼仪，刑罚不如教化，这是非常明显的道理。

“以刑罚治之者，积刑罚”，制定法律者疲于奔命地修改完善法令，执法者疲于奔命地执行法令，为了执行法令又多出很多层级的监督者、操作者、维护者、附属者等，其中存在很多的交易成本和复杂的摩擦成本。而且依靠法律只能提供形式上的保障，人与人之间的关系却非常表面化，无法保证人们之间是真情相待的、感同身受的，无法保证人内心的态度是充满仁义关怀的，更无法赢得人心所向的支持。刚硬的管理方式不仅容易制造摩擦成本，而且会加大成员间的疏离感，导致秩序有余而活力不足，且欠缺成员间的合作协同精神，团队与组织发展更容易受限、更容易走向衰败。

“故礼以道其志，乐以和其声，政以一其行，刑以防其奸。礼乐刑政，其极一也；所以同民心而出治道也。”礼仪是用道来明人之志的，音乐是用声来调和人之情感的，政令是用来统一人之言行的，刑法则是用来防治人之邪行的。礼仪、音乐、刑法和政令的最终目的是相同的，都是用来大同民心，实现人间大道的。

《孟子·尽心上》中有关于善政与善教的管理效果之差别：“善政，不如善教之得民也。善政民畏之，善教民爱之。善政得民财，善教得民心。”《孟子·公孙丑上》还有关于“以力服人”与“以德服人”的管理效果之差距：“以力服人者，非心服也，力不赡也；以德服人者，中心悦而诚服也，如七十子之服孔子也。”

传统文化主张的是“以德治为先”，而非“以刑律之治为先”。德治为主，法治为辅。正所谓“徒善不足以为政，徒法不足以自行”“君子乐得其道，小人乐得其欲”。“故礼之于人也，犹酒之有蘖也。君子以厚，小人以薄。故圣王修义之柄、礼之序，以治人情。”以“礼”为主流，以刑律作为“礼”的补充，“德主刑辅”“重德兼法”“阳儒阴法”，这绝对是管理上的大智慧。

传统文化教导我们要进行自我管理，即用“良心”道德、礼仪礼俗管理自己的心性。这对社会和个人而言都是零成本零耗损或者低成本低耗损的管理方式。如果大家都用伦理道德来引导自己，用礼数礼俗来引领自己，凡事从自己出发，不苛责社会和他人，每个人自我“良心”发现，自我明辨是非，并“耻于不善”，如此人们不仅会有知耻之心，而且能够时时自我检点让自己归于正道，最终人人都能“又有以至于善也”，这样的社会自然是安定有序、和谐融洽的。

德礼之治之所以具有自律、自我管理的作用，在于其能启发人的自觉自愿，启动的是人内心“修德以配天”的自我完善动机，以及“见贤思齐焉，见不贤而内自省也”的内在自动纠错机制。这样的德与礼是非显性的、非强制性的、非外在强加给人的，却是最具有约束力的约束、最有规范性的规范、最有纪律性的纪律。当德与礼成为人们思想、言行的标准和尺度时，外在就完全无须“警察”“法官”“检察官”，因为人的内心已经派驻全天候的“警察”“法官”“检察官”。

正如《子路·十三》篇中所言：“礼乐不兴，则刑罚不中；刑罚不中，则民无所措手足。”当一个社会礼崩乐坏的时候，刑罚就会失去作用，刑罚失去作用，老百姓就手足无措，不知何为。朱子曰：“愚谓政者，为治之具。刑者，辅治之法。德礼则所以出治之本，而德又礼之本也。”严刑峻法过于严峻，伤人感情，单纯使用刑法并不足以起到管理的效用，严刑峻法必须建立在“德礼”的基础之上，尤其是“德”的基础上，否则很难起到应有的作用。

据《孔子家语》记载，“孔子初仕，为中都宰。制为养生送死之节，长幼异食，强弱异任，男女别涂，路无拾遗，器不雕伪。为四寸之棺，五寸之椁，因丘陵为坟，不封、不树。行之一年，而西方之诸侯则焉”。孔子51岁时曾担任鲁国的“中都宰”，仅管理一年，中都就成为“四方皆则之”的模范县，四方诸侯都前来观摩学习，孔子也因为政绩突出由中都宰升为“司空”。孔子做官，在生产上顺应地理自然、遵从自然规律；在生活上，主张生活简朴，不要铺张浪费，要尊老爱幼，男女之间要遵守礼法；在管理制度上，要因人而异，因地制宜。孔子做中都宰的从政理念，不是强制性颁布法规制度，而是重新规范了传统周礼中尊敬长者、帮扶弱者、严守礼教的仪节。有礼则心安，失礼则心不安定，正是通过建立礼乐德教的社会秩序，才能让社会风气变得越来越重道义而轻利益，管理者自然就有了理想的民风管理基础。

分析“道之以政，齐之以刑，民免而无耻。道之以德，齐之以礼，有耻且格”这段话可以理解其包含管理的方向、管理的方式、管理的结果三层含义：①德是道，“道”是正确的方向，是该不该做的标准，即事关管理上应该做什么事、不应该做什么事的道理，需要用德来正道，用“仁政”激发员工的“道德自觉”。员工有了道德自觉，才不会为了毫末之利而忙碌奔波、不择手段。激发员工的道德自觉才是实现管理之道。②礼要齐，“齐”是做事的方式方法，事关管理上怎么做事的道理，需要用礼来整治。有礼有节的管理，让人“望之俨然，即之也温”。礼仪不仅仅是礼尚往来，更是人与人之间的相互关怀和相互体恤。对他人的关怀与体恤不仅是对别人的尊重，也是对自己的尊重。礼仪表面看起来是人有情商的表现，其实礼仪的背后是人所拥有的厚德，是孝悌人伦。③有耻且格，耻格是管理应该取得的效果。最好的管理效果是被管理者遇事能够按照“德”“礼”的标准约束自己，能够做到自我管理、自我教化，能够自律自省、自我匡正，自己把自己管理成德礼之君子。可见，管理上实施“德政礼治”可以达到“管理是为了不管理”的“不管之管”效果，即实现了看似“无为却无不为”的最优效果。

德和礼加在一起即德礼兼备。德礼兼备是判断管理行为合于道、合于情、合于理的重要标准。符合德礼的事情，即使表面看起来不好，最终也会成为好事；不符合德礼的事情，即使现在看起来很好，最终也会演变成坏事。

以该不该体罚为例，古代的私塾先生用戒尺打学生手板来体罚、古代家庭教育中家法家规施用“笞教”的方式来教育孩子的行为都是颇为常见的，且“棍棒底下出孝子”更是中国人较为普遍的传统家教理念。《管子·形势》中称：“弱子，慈母之所爱也，不以其理动者，下瓦则慈母笞之。”意思是说，慈母教训孩子，如果说理说不到孩子心里去，只能取其下而为之，笞打孩子臀部或者手心了（避免实质性伤害）。《尚书·吕刑》中称：“刑罚世轻世重，惟齐非齐，有伦有要。”意思是说，刑罚的宽严轻重、相同或不同，要根据实际情况来判断和调整，所有的刑罚都要遵循人伦情理，所有的刑罚只不过是为了实现惩前毖后的原则要义。

不过，现代中国人受西方观念的影响，开始认同教育不应该体罚的说法。其实，应不应该体罚并没有统一的“一刀切”的说法，很多事情不能一概而论，关键要看其动机、过程、结果是否符合德礼兼备的标准。

“国有国法，家有家规”“没有规矩，不成方圆”。当孩子做了比较严重的错事，或者父母不能以其理动者，可以适当施行“家法”。只要“家法”明确，父母对孩子进行了询问并了解了真实情况，双方对“家法”的形式和手段也达成共识，就可以适当施行“家法”。批评教育、引导告诫、反思警醒是目的，而“家法”的体罚只是小惩大诫的手段，是引以为戒的辅助形式。只要体罚的时机、态度、目的、方式、全过程都遵循“德礼”的逻辑，通过适当的惩戒，让孩子记住了教训，知错能改，知不足而后进取，这种具备“教育”意义的体罚或惩戒就是可行的。

具备教育意义的体罚，能够给予孩子是非对错的教育，让孩子明白做人的原则和行为的底线，对自己的行为拥有自我管理的意识和态度，这样的体罚和惩戒自然是具有积极意义的。符合“德礼”的体罚绝不是父母在未经批评教育和沟通情况下进行的单方面体罚，更不应是父母为了宣泄情绪，或为了简单粗暴地解决问题，抑或为了自己的面子而体罚孩子。不符合“德礼”的体罚会给孩子留下心理阴影，会给孩子留下不服气和委屈的记忆，起不到教育的作用，发挥不了体罚的价值。总之，管理的方式方法、形式策略不可以一概而论，管理的动机过程、手段结果是否符合“德礼兼备”，才是判断是非、决定取舍的重要标准。

概括地说，“德”与“礼”，就是做人做事，上合德，下合礼，上合天理，下合人礼，做人做事既要守人伦之礼，更要合天地之理。管理者与被管理者、老师与学生、上级与下属、师父与徒弟，每个角色的行为都各有其本分，其分内的行为要上合德，下合礼。以尊敬老师为例，老师在师者的位置，学生在礼节上要有足够的尊重，其语言、语气、态度上都要保持礼貌，但如果老师对学生提出了不合理的要求，学生在行动上就不必采纳、不必执行。再如，孝顺父母，父母为老，子女为小，人伦礼节上孩子要尊重父母，跟父母说话不能没大没小、没老没少，要在语言、语气、态度上恭敬礼貌，但如果父母提出了不合情理的要求，孩子则不必盲目顺从，不必执行不合理的要求。

《孔子家语》中有一个“曾子受杖”的故事：“曾子耘瓜，误斩其根。曾皙怒，建大杖以击其背，曾子仆地而不知人久之。有顷乃苏，欣然而起，进于曾皙曰，‘向也参得罪于大人，大人用力教参，得无疾乎？’退而就房，援琴而歌，欲令曾皙而闻之，知其体康也。孔子闻之而怒，告门弟子曰：‘参来，勿内。’曾参自以为无罪，使人请于孔子。子曰：‘汝不闻乎？昔瞽瞍有子曰舜，舜之事瞽瞍，欲使之，未尝不在于侧；索而杀之，未尝可得。小棰则待过，大杖则逃走，故瞽瞍不犯不父之罪，而舜不失烝烝之孝。今参事父，委身以待暴怒，殪而不避，既身死而陷父于不义，其不孝孰大焉！汝非天子之民也，杀天子之民，其罪奚若？’曾参闻之，曰：‘参罪大矣！’遂造孔子而谢过。”

这个故事的大意是，曾参因为锄瓜锄断了瓜苗的根，他的父亲举起手上的大杖就向曾参的背部棒打，曾参因为孝顺而不敢躲避，结果被父亲打到不省人事，过了好久才苏醒过来。苏醒后的曾参欣然来到父亲面前请安："父亲大人，刚才孩儿犯了大错，使得父亲费了那么大力气来教育我，您没有什么不舒服吧？"曾参请安之后就退回房中抱琴唱歌，目的是让他的父亲知道儿子身体康健，能够感到安心。孔子听说后很不高兴，告诉门人，如果曾参来了，不要让他入内。曾参自觉自己没犯什么过错，就请人请教孔子其中的原因。孔子说："从前，舜非常孝顺他的父亲瞽瞍，每当瞽瞍需要舜时，舜都能及时侍奉在侧；但当他父亲要杀他的时候，却没有一次能够找到他。如果是小的棍棒，舜能承受的就等着受罚；可如果是大的棍棒，舜就很聪明地逃开。舜这样进退有节、张弛有度，他的父亲才没有犯下为父不慈的罪过，而舜既保全了父亲的名声，也极尽了自己孝子的本分。而如今，曾参却不知爱惜自己的身体，直接委身承受父亲的暴怒，就算死也不回避。倘若真的死了，岂不是陷他父亲于不义？还使自己的父亲余生承受无尽的懊悔之痛，这何孝之有呢？而且，任何一个人都是天子的子民，允许别人杀天子子民的人岂不是犯了深重的大罪？"曾参听闻之后说："我确实错了啊。"遂来孔子处拜谢老师教诲。这段故事说明，孝顺不是愚孝，不是盲从。不仅是孝道，任何事情都要符合"德礼"，即上合天理，下合人礼，合则从，不合则不从。

教育孩子爱自己的父母是如此，爱国爱乡爱家也是同样的道理，都要以上合天理、下合人礼的德礼标准来判断。一方面，对父母、家乡、国家必须永远怀有生养自己的感恩之情，永远不能背叛自己的家人和祖国，这是大是大非的问题。另一方面，爱敬并不盲目，感恩并不愚忠，盲目服从、盲目崇拜皆不可取。爱敬和感恩要符合“德礼”，而真正的“德礼”一定是明理的、明辨是非的，同时也是圆通圆融的，即所谓“上以格君心之非，下以通天下之志”。《弟子规》也有言：“亲有过，谏使更。怡吾色，柔吾声。谏不入，悦复谏。”不使自己的国、自己的家、自己的父母德行受损，有不对的地方谏言一起反省，有犯错的行为复谏一起改正，提升其气度，圆满其智慧，目的只有一个，就是让自己的国家、自己的家乡、自己的父母变得越来越好，也让自己的内心变得越来越好。

2. 管理自己的道之以德齐之以礼

管理别人的时候，要遵循“道之以德，齐之以礼”的原则，管理自己的时候也一样，要遵循同样的原则。

德礼之人忧道不忧贫，忧礼不忧心，无我无私，随意自在。《孟子·离娄章句下》第二十八节中，孟子曰：“君子所以异于人者，以其存心也。君子以仁存心，以礼存心。仁者爱人，有礼者敬人。爱人者人恒爱之，敬人者人恒敬之。有人于此，其待我以横逆，则君子必自反也：我必不仁也，必无礼也，此物奚宜至哉？其自反而仁矣，自反而有礼矣，其横逆由是也，君子必自反也：我必不忠。自反而忠矣，其横逆由是也，君子曰：‘此亦妄人也已矣。如此则与禽兽奚择哉？于禽兽又何难焉？’是故，君子有终身之忧，无一朝之患也。乃若所忧则有之：舜人也，我亦人也。舜为法于天下，可传于后世，我由未免为乡人也，是则可忧也。忧之如何？如舜而已矣。若夫君子所患则亡矣。非仁无为也，非礼无行也。如有一朝之患，则君子不患矣。”

这段话是说，君子与一般人不同的地方在于其居心不同，在于内心的念头不同。君子心心念念的总是仁、礼。仁爱的人点点滴滴关爱他人，礼让的人时时处处谦让他人。爱人的人，别人也会爱他；敬人的人，别人也会敬他。假定有个人对我蛮横无理，那君子必定反躬自问：一定是我不仁，一定是我无礼，不然的话，他怎么会对我这样呢？如果经过自我的反躬自问确定自己是仁的，是有礼的，而那人仍然蛮横无理，君子必定再次反躬自问：一定是我不忠吧？是我做了对不起人家的事情吧，哪怕是一点点。如果反躬自问是忠的，并无对不起人家的事情，而那人仍然蛮横无理，君子就会说：这人不过是个狂人罢了。这样蛮横无理的狂人和禽兽有什么区别呢？而对于禽兽又何必求全责备呢？这样君子内心释然，完全不会因为野蛮人的无理而受到影响。所以做君子的人，即使受到磋磨，也正好把它当成修炼自己的时机。所谓"仁者不忧"，由于君子的内心总是见素抱朴、少私寡欲、自省自律，自然没有什么烦恼忧愁。如果说君子有烦恼忧愁的话，那也就只有一点，就是君子忧心于道，所烦恼的只有自己仍然还不够君子。舜是人，我也是人，舜都做成了圣人，成为天下的楷模，名声流芳百世，可我苟活于世至今，却仍然只是一个普通人而已。只有这件事才是值得君子烦恼忧虑的，其他的事并不足虑。那么，有此烦恼忧虑该怎么办呢？就是时时刻刻尽力向舜学习，不是仁爱的事不做，不合于礼节的事不做，如此做人做事，即使有突发的祸患临身，那么君子也不会感到任何遗憾了。

"德礼"之君子"忧道不忧贫""谋道不谋食"。子路问于孔子曰：“君子亦有忧乎？”子曰：“无也。君子之修行也，其未得之，则乐其意，既得之，又乐其治，是以有终身之乐，无一日之忧。小人则不然，其未得也，患弗得之，既得之，又恐失之，是以有终身之忧，无一日之乐也。”

这段话意思是说，子路问孔子君子是否也有忧愁忧虑的时候，孔子说没有。因为君子无私无我，随意自在，把一切都当成修身养性。没有得到的时候，便专心致志于努力得到之中，其中的探索有很多快乐；已经得到了，又乐于所得到的好处。所以只有终身之乐，而无一日之忧。而小人则不然，总是在小我、小私里面来回打转，患得患失，从不快乐。未得到时，担忧永远得不到；得到之时，又唯恐失去，所以他们只有终身之忧，而无一日之乐。可见，一个得意于青云，失意于穷途，得意则忘形，失意则生怨的小人绝对不是修行“德礼”之风的人。

管理者要想员工成为有效的自我管理者，必须自己首先成为一个有效的自我管理者。不能用“德礼”自我管理的人不配做管理者。管理者做到“德礼”，才能以身作则、率先垂范，起好上行下效的带头作用。《论语·子路》中有“其身正，不令而行，其身不正，虽令不从”的佳句。“身教胜于言教”，以身作则胜过千言万语，员工不是听领导在说什么，而是看领导在干什么。如果领导只是口号喊得如山响，愿景画得如大饼，但行动起来却敷衍拖拉、言行不一，这样的管理注定是无法成功的。如果道德礼法都是给下属制定的，领导自己却不遵守，那这样的道德礼法无论多么完美也只能成为墙上挂着的摆设。

管理者的威信不是依靠职权赋予的，而是仰赖其做人的品行、做事的德行。从某种意义上说，必须是圣贤所说的君子一样的人物，才堪当管理者。孔子曰：“君子病无能焉，不病人之不己知也。”君子只担心自己能力不够，不会担心别人不理解自己。孔子亦曰：“君子耻其言而过其行。”君子认为言过其实、说的漂亮话比做的漂亮事多的人是非常可耻的。孔子还说：“君子求诸己，小人求诸人。”君子是事事严格要求自己，而小人则是事事严格要求别人。君子在改变别人之前，会先改变自己，而小人试图改变别人，却不改变自己。君子型的管理者万事求的是问心无愧，小人型的管理者万事求的是权势利益。君子的管理之道是以德为本，以义为基，以礼为规，以智为辅；小人的管理之道是以私为本，以利为基，以术为规，以诈为辅。

新时代，中国式管理要“认祖归宗”，重新学习君子之道，重新树立君子之风。“天行健，君子以自强不息；地势坤，君子以厚德载物”“君子学以聚之，问以辩之，宽以居之，仁以行之”“夫君子之行，静以修身，俭以养德，非淡泊无以明志，非宁静无以致远”“君子食无求饱，居无求安，敏于事而慎于言，就有道而正焉，可谓好学也已”……未来应该让所有的管理者均向君子看齐，向君子学习做人做事之道。现在及未来都将是崇尚君子的时代，将是邪不压正、君子战胜小人的时代，将是君子“多助”、小人“多阻”的时代。

古人以别人不认为自己是君子为羞耻，但不知从何时起，现代人再不以为然，觉得自己是小人也无所谓，甚至“不以为耻，反以为荣”，只要自己不吃亏就行。然而，“三十年河东三十年河西”，时代的风向标悄然发生变化，只看物质只看钱的时代已经过去了，人们越来越看重无形的道德、做人的修养、做事的品行，人们越来越认识到“德为才本”“德为财本”的道理。

“德为才本”，一个人的技术和才能是次要的，做人的德行才是第一位的。“德者才之主，才者德之奴。有才无德，如家无主而奴用事矣，几何不魍魉猖狂”。“德”好比主人，“才”好比工具，有主人，才能用好工具为家中服务，绝不能让工具奴役了主人。有德的人能驾驭好金钱，无德的人会被金钱驾驭。“德”为先，“德”好比把握正确方向的方向盘，首先要保证不偏离目的地，其次才是走得快与慢的问题。必须以德驭才华，以德驭金钱，否则就是缘木求鱼、刻舟求剑，轻则无所得，重则贻害无穷。

中国人向来重视品德品行，历史上那些奸臣，即使在琴棋书画诗词歌赋方面有才华，也会为人所不齿。无德之人恃才傲物、两面三刀，无道之人坑蒙拐骗、口蜜腹剑，这样的人又有谁敢用呢？无德之人自私自利、假仁假义、要小聪明小伎俩，谁又敢真心和他打交道呢？可见不修德行，必然危及人缘、人际关系，甚至累及饭碗。

“德亦为财之本”，一个人的财富最终取决于做人的品德如何。因为德行的积累，虽然无法用眼睛看到，但反映的是心性上的成长，是能够经受风雨磨砺的坚韧心性，是“富贵不能淫，贫贱不能移，威武不能屈”的心性。心性品质完美的人，自然做任何事情都能有所成就。德行看起来似乎无大用，实际上却有支撑一个人顶天立地的“大用”，这就是人们常说的“德为财本”的道理。

王阳明说：“凡人言语正到快意时，便截然能忍默得；意气正到发扬时，便翕然能收敛得；愤怒嗜欲正到腾沸时，便廓然能消化得：此非天下之大勇者不能也。”凡是有人正要说到“快意恩仇”的节骨眼儿，便能戛然而止，让自己忍耐沉默；或者自己正要“意气风发”的时候，能够让自己悄然收敛；或者在自己愤怒及嗜好贪欲正要达到“翻腾鼎沸”的时候，能够将之化解，让之消弭于无形，做到上述这些的人，一定是拥有大智大勇之人，否则是不可能做到的。

德行和礼节都是“事上磨炼”“念上磨炼”的功夫。“讨山中贼易，讨心中贼难”，能够战胜自己的私心杂念和狂躁傲慢等缺点不足都是非常不容易的，但只有克己才能复礼，只有克己才能安人。豪杰征服天下，圣贤征服自己，征服自己的小我，征服自己的贪欲，征服自己的无明，树立起自己的大我，提升自己的格局和胸襟，呈现自己光明的人格、纯净的灵魂、坚韧的内心和无私的精神。可以说，一个人有多大“德行礼义”的功夫，就能有多大的事业和成就，德行礼义才能成就德“才”兼备、德“财”兼备的人生。

二、道之以德思想在管理中的应用

我们知道，教育需要源源不断的内在动力，这个内在动力就是来自师生内心自动自发、自觉自愿的力量。教师是专业技术人员，有很强的职业操守和职业道德感，他们对尊重和民主的要求较高，自身明辨是非的能力也较强，因此不能把教师看成消极被动的管理对象处处管制、处处干预。教育管理应该提供情感价值、情绪价值，感化人心、打动人心、陶冶人心，形成信任和信赖的管理文化和组织氛围。

学生也是如此，不能把他们看作小孩子，不能用俯视的视角管理学生。作为管理者的成年人更应该懂得平等和尊重，让学生感到被懂得、被重视的欣喜和愉悦，顺着人性和孩子身心发展规律来进行管理，满足学生对个性、尊严、潜能发挥的深层次需求，为他们提供成长价值和情感价值，为他们带来美好和希望，提升每一个生命个体的生命质量。

“没有管理的管理，才是最好的管理。”有品位的管理要做得好像没有管理一样，领导要领导得好像没有领导一样。在教育管理中应突出情理、情感、情绪、心态、气氛等的作用，最大限度地激发师生个体内在的自尊、自信、自控、自律、自强意识，同时最大限度地激发集体的情感共识、观念共识、共同价值观，让德礼之治逐步融入集体情绪、群体感知之中，消弭管理与被管理之间的边界，并以一种共荣共生的互动进化模式，建构教育管理的主流逻辑。

当师生之间建立起一种以情感共识、情绪共鸣、情谊温度构成的联结，其自然会在潜移默化、耳濡目染间影响大家的集体心智，从而使他们主动看到自身价值并主动挖掘自己在集体中的奉献价值，让每个人都启用自我引领能力，共同引领团队和集体的进步，走向全员全场域的繁荣共生。

这样的管理不是宏大叙事的组织愿景或组织口号，而是每个人以个性化的学习生活共同完成教育观念和共识的共建，个人成长和组织成长不再是矛盾的两面，而是主动的重叠，是自然而然的合力共建叙事，是真实的群体共振，是真实的团队分享和集体创新，是教育价值和教育圣殿的集体归属和精神重建。

1. 道之以德之一心一力：自胜者强的大我管理

人一生的意义和价值在于成就更好的自己，即“大我”，成就“大我”不在于征服别人，而在于征服自己的贪心、私心、野心。“志之难也，不在胜人，在自胜也”“知人者智，自知者明；胜人者有力，自胜者强”“正人必先正己”……在各种沧桑磨炼及挫折境遇之下，只要能战胜自己的小我，必然能成就最好版本的自己，成就最大格局的自己。

“大我而事小”，一个人心大了，事情自然就小了。一个“自胜者强”的人不做悲观消极的“躺平”者，不做“拿不起所以无奈放下”的逃避者，也不做争名夺利的“精致利己”者，而是要做“善利万物”“上善若水”者，做消融“自我”“小我”者，做成就无争利他的“无我”“大我”者。一个能够“善利万物而不争，处众人之所恶”之人，才是真正的胜利者，才是真正的人上人。

“行有不得，反求诸己”“反身而诚，乐莫大焉”“慎厥身，修思永”“君子求诸己，小人求诸人”……中国人的管理思想是一门强调修自身、养自性的自我管理学问。管理的对象始终是自己，管理的场所始终在自己的心地，管理的路径永远是由己及人、由内而外、由近及远。“佛在灵山莫远求，灵山只在汝心头。人人有个灵山塔，好向灵山塔下修。”人人皆可自修，皆可通过自修来悟道。管理重在正自己的心、诚自己的意。自我管理就是给自己补缺、补漏、补圆满，当实现了自我圆满就等于圆满了他人、圆满了世界。

先管理好自己，才能管理好他人；对自己百分之百负责，才能对别人百分之百负责。遇到不顺己意的事情，不该去强求他人改变，要先回归自己，要向内求，反求诸己。作为教育管理者，自己能做到修身养性、正心诚意，对他人就能做到尽心尽力地引导、建议、点醒、顺势而为、因材施教。自己不能管理好自己，才会用强迫、代替、操控和利用等简单粗暴的方式展开管理。

“以责人之心责己，以恕己之心恕人”“识不足则多虑，智不足则多疑，度不足则多怨”……别人只是自己的一面镜子，只要自我管理圆满了，他人也就圆满了，世界也就圆满了。从自己出发，从自己做起，先从改变自己的心意做起，把自己的心意修炼好，做到反躬自省，才是管理他人的第一步。自己没有私心杂念，不胡思乱想，没有分别心，起心动念，念念向善，念念爱敬之心俱足，管理好自己自然就能管理好他人。

每个人的命运都深藏在自己的认知里，认知狭隘，命运则不济；认知豁达，命运则顺遂。管理的效果也深藏在管理者的内在价值观里，内在价值观狭隘，员工的工作投入程度和满意度就低，工作士气和管理形态就不良；内在价值观豁达，则员工的工作投入程度和满意度就高，工作士气和管理形态良好。

管理者喜欢下属独立自主，那就得接受下属坚持自己想法不被改变的情况。下属坚持自己的想法，有时候可能会出现错误，管理者要接受下属犯错的情况。管理者既想他人有自己独立的思想和做事的创意，又要人家事事都能按照你的期待去做，且完全不出错误，这样的管理就是放大了自己、看小了别人，不仅无法服众，也让自己无法心安理得。

从小我到大我，靠权力、权威、奖惩进行管理的是“小我”管理；心中有下属，依靠大家一起参与、协商来管理的是“大我”管理。“千古王朝败相：官心无民，民心无国；千古国运兴相：官心有民，民心有国。”从小我到大我，是一个由“心中有自己”到“心中有他人”的过程，是一个由心中有小局，到心中有大局的过程。所有的管理都是利己先利他，利他才能利己，一个人多大程度地利他，才能多大程度地利己。

当然，“大我”心中始终还有一个“我”，“我”的意愿、“我”的执念犹在。要想进一步升华和超越，还要把“大我”升华为放下大我、大而终不为大的状态，最后再放下所有的“我”，达到“无我”之境。

2. 道之以德之全心全力：终不为大的小我管理

先从利己的“小我”，升华到利他才能利己的“大我”，然后还要将“大我”放下，放低“以我为大”的自我意识，“大而不为大”，最后才能超越升华到利他而无己的“无我”之境。

一个“大我”，越是拥有声名和美德越不会炫耀。反而一个“小我”，越是缺少什么，越是炫耀什么。越是“小我”，越是喜欢用外物和声名来装点自己，越是在乎他人对自己的看法和眼光。

一个人本身已经做到“大我”，同时又能放下“以我为大”的“我”念，“大而不为大”，这种人的心灵品质就能“几于道”。管理的气度气量也是如此，要不断升华自我，不断超越自我，这样的管理才能接近道。

所谓“圣人终不为大，故能成其大”“上善若水，水善利万物而不争”“生而不有，为而不恃，功成而弗居”“不自见，故明；不自是，故彰；不自伐，故有功；不自矜，故长。夫唯不争，故天下莫能与之争”等，都是在讲放下“大我”的人的模样。

所谓“善欲人知并非真善，恶恐人知就是大恶”。一个大我的好人，总是觉得自己不够好。一个做好事的大我，绝对不会指望别人给予回报。当一个人自我标榜高尚，自认为是个好人，自视甚高、自视不凡，这样的人就是放不下自己的“小我”，不能放下小我，德就不真，好也不是真好。

“放小自己的大我”这个管理原则在教育管理上同样适用。比如，在家庭教育管理上，“放小自己”的父母不会自认为养育孩子有多大的功劳，而是认为孩子自身就是一颗“种子”，那颗“种子”中本身就蕴藏着一棵“大树”，父母只是做了一些“浇水灌溉”之类的辅助工作，最终还得依靠这颗“种子”的自我成长和自我发展。客观地说，人其实没有太多“有为”的空间，即使“有为”恐怕也多是“拔苗助长”的有为。所以“放小自己”的父母内心并不计较自己对孩子的贡献，他们只是自然而然地付出，并且发自真心地感激孩子接受了自己的爱和养育。无论父母付出多少心血、多少金钱、多少精力养育孩子，父母内心绝对不应该有交换的心理，不应期待孩子将来对自己有所回报。父母养育孩子不过是尽力做自己应该做的事，而且父母的养育过程也同时滋养和成长了自己的内心。就像天地父母对世间一切万物生灵一样，天地父母绝不会自以为有功劳而要求有所回报。“天不言而四时行，地不语而百物生。”天地父母只是默默付出，默默承担，默默尽责，给万物生灵以载托，却不以为意，不放在心上，至于万物生灵有没有感恩自己的心，完全不在天地父母需要考虑的范围内。

学校教育管理也是如此。对自己“大而不为大”，做教育的人别把自己太当一回事儿；对别人，“小而不为小”，别把受教育者太不当一回事儿。教育管理者不要把受教育者变成百依百顺的“奴才”、唯命是从的“跟班”。要知道，教育是启发，是引领，是把受教育者内在已有的美好品质启发和引导出来。教育者所做的工作只是唤醒他人，而非施加、施与，更不是恩惠和恩赐。教育者所做的工作只是帮助受教育者敢于做最好的自己，而非越俎代庖、包办代替。“毋意、毋必、毋固、毋我。”如果教育者随意揣测、武断绝对、刚愎自用、自以为是、妄自尊大，很容易导致受教育者内心充满迷茫、自卑、不知所措，那就与教育立德树人的本质背道而驰了。

“水满则溢，月满则亏；自满则败，自矜则愚。”人在利益面前“无己”，在事业面前“无功”，在荣誉面前“无名”，以身作则，勿忘初心，不断放下自我，才能成就“我将无我”的肚量。更高的道德修养、更纯净的心灵品质，是无我之人不断追求的目标。

相传苏东坡有一个“八风吹不动，一屁过江来”的故事。“八风”是指：利、衰、毁、誉、称、讥、苦、乐。一共是四顺四逆八件事。修行的最高境界，就是遇到八风中的任何一风之时，情绪都能不为所动，笑骂由人，毁誉由人，我自如如不动。

据说，苏东坡在镇江当官时，经常跟金山寺的住持佛印参禅论道，交流修习心得。有一天，苏东坡静坐冥想，忽有所悟，就写了一首五言诗：“稽首天中天，毫光照大千；八风吹不动，端坐紫金莲。”他表面上是在赞叹佛，实际上是自我陶醉，说自己已经不为八风所动，达到了宠辱不惊的地步。苏东坡当时非常得意，便让书童带着这首诗坐船到江对岸送给佛印大师点评品鉴。佛印大师看到后微微一笑，就在诗稿的背面写了两个字：放屁，并让小书童带回去。苏轼看了先是一惊，然后一怒，随后气急败坏地自己乘船过江去找佛印大师理论。过江后的苏东坡急匆匆地跑到山门，远远看到佛印大师出来迎接，上去正要发火，谁知佛印大师大笑说了一句话：八风吹不动，一屁过江来。不是自称八风吹不动吗？怎么一个屁字就让你过江来了呢？听闻此言苏东坡羞愧不已，原来佛印是故意激怒自己，自己还以为自己做到了八风不动，实际上自己的气度境界距离“卒然临之而不惊，无故加之而不怒”还差得很远。

正是有了无我之佛法的引领，加之自身的领悟和修行的缘故，苏东坡一生乐观豁达，即便宦海沉浮、人生起落，他都能苦中作乐、淡定从容。苏东坡曾对他的弟弟说：“吾上可陪玉皇大帝，下可陪卑田院乞儿，眼前见天下无一不好人。”在苏轼眼里，可以见天地之见，也可以见众生之见、见自己之见，最终迎来“无所见”之见，这是心灵至纯至净的“无我”之境。

这正好应了《道德经》中的一段话，当一个人解开“自我”的桎梏，放低自我意识，能够“善利万物而不争”“处众人之所恶”“夫唯不争”的时候，他就可以“居善地，心善渊，与善仁，言善信，政善治，事善能，动善时”。无我的君子住过的地方都是

“善地”，因为他自己总是从善如流，他居住的地方就成为好地方；无我的君子的心像深渊之水一样清净宁静，这样的心灵能远离是非，所以君子遇到的都是好心人；无我的君子见到的人都是仁义之人，因为他自己是仁义的，自然看不到不仁不义的人，好比没有“偷”的概念的人，看到的自然是“天下无贼”；也正因为如此，无我的君子所听到的话都是诚信的，所管理的政务都是顺势而为、借势而上的，所处理的事情其结果都是圆满的，所选择的时机都是最好、最佳的。以上“七善”是一个“无我”的人顺其自然就能得到、无所作为就能享有的。而一个有“自我”的人想做到其中任何一善，都是非常困难的，因为人的意念是否纯净影响着其做事的效果和结果，内心有染污，自然无法看到清明世界、朗朗乾坤。

“莫贪天功为己有，莫挟天资为私能。”有些名人、富豪、明星、官员的知名度高、财富多、声誉大，他们的自我是“变大”了，但他们可千万不要认为自己所得到的财富、声誉、名声完全属于自己，要考虑到自己所获得的成功并非一己之功，是天时地利人和的助力，是有幸得到了社会、国家、民众的支持，所以他们最应该尽可能多地履行社会责任、彰显个人担当。所谓“能者多劳”，有多大的能力，自然要承担多大的责任。如果自视过高、自以为是，认为自己所有的一切都是自己的功劳，逃避社会责任，疏于家国情怀，甚至傲慢浮夸，这样的人定会遭遇挫折和障碍。比如某直播带货的流量主播就因为不尊重顾客，直接引发粉丝和网友的愤怒，导致口碑一落千丈。再如，新冠疫情期间某地公务员只活在自己的“优渥的小圈子”里，而不共情民众承受的困难疾苦，自然会引发公众的不满和指责。

总之，盲目放大自我，只会与他人渐行渐远；肆意贬损他人自尊，只会让自己原形毕露。相反，那些具有社会责任感，真心实意爱国爱民、全力以赴为国为民的管理者，自然能够获得人民的偏爱和支持。没有营销，真心就是最好的营销；没有代言人，真意就是最佳的代言人。每个人的心都如明镜般，是量心尺，也是照妖镜。“穷时见人性，落难知人心。”

孔子教育我们要杜绝四种毛病：“毋意、毋必、毋固、毋我。”人不能凭空揣测、武断绝对，不能拘泥固执、妄自尊大。尤其是那些身居高位的管理者，更不能抱有主观成见，不能自我中心，不能自以为是，不能自高自大，不能固执己见，而应以开放虚空、与时俱进、广纳人言的心态不断改善自己，如此才能做好管理。

“愚而好自用，贱而好自专”，愚蠢封闭的人，眼里没有别人，不听别人的意见，只会变成孤家寡人；卑贱的人，只会自我夸耀、目空一切，总是给别人下定义、贴标签，这样的人只会令人生厌、使人反感。

中国传统文化中的管理思想所遵循的原则是长远利益和恒久效应——“不论现行而论流弊；不论一时而论久远；不论一身而论天下”。要想取得深入的、长远的、最为放大的管理效果，除了把“大我”放小，还要把大我小我的“我”都变成无我，以“民意”替换自己的“心意”，以“百姓心”为“己心”，如此方能高瞻远瞩、长治久安。

3. 道之以德之同心协力：义利合一的无我管理

做事要有钱赚，要有声名留，同时做人也要讲情义、讲仁义，这二者之间似乎充满矛盾。但在我们中国传统文化中，二者是统一的，即义利合一、见利思义："义，利之本也；利，义之和也""义以生利，利以丰民""夫义者利之足也，废义则利不立也""利人者，人必从而利之，害人者，人必从而害之""予人玫瑰，手有余香；报之以桃，收之以李""欲先取之，必先予之"。中国人的管理讲的是越多地帮助别人成功，自己越能成功。正所谓"己欲立而立人，己欲达而达人"。一门心思只想着自己发财出名的人，结果往往枉费心机，而一门心思只想着如何成就别人、利于别人的人，往往声名荣誉不期而至。"施比受更有福"，这世界上，最好的满足就是给别人以满足，最好的快乐就是给别人以快乐，最好的尊重就是给别人以尊重。

向大自然学习，我们更能看到相互回馈、义利合一的自然结合。"落红不是无情物，化作春泥更护花""桃李不言，下自成蹊"。大自然中比比皆是这种唇齿相依、相互回报、相互支持的例子，万物尚且如此，作为万物之灵的人类更应该如此。懂得索取更要懂得付出，懂得获得更要懂得舍得，这样的人必有福泽、必有福田。"前人栽树，后人乘凉""投之以桃，报之以李""福往者福来，爱出者爱返""人人为我，我为人人"。人与自然万物之间亦是同样的道理："人爱鸟，鸟爱林，林涵水，水涵人。"人与自然万物一脉相连，你中有我，我中有你。作为万物之灵的人类越是考虑如何让这个世间每一个生灵都能因为自己而变得更加美好，世间万物就会越多地回馈人类，如此义利合一，人类才会有绵绵不绝的福报和福运。

从传统文化中的管理思想上看，义先于利，德先于钱。只有把苍生疾苦、人命关天、仁心济世、立德立功立言的指导思想与管理的经营理念真正联系起来，这样的组织、这样的行业才能赢得人们的信任和忠诚。

古代有很多行业、商户的对联都在传递“义利合一”的管理理念。清代一中药铺门口的对联写着“但愿世间人无病，何妨架上药生尘”（而不是像现代的药店一样在大门口打广告、做促销）；胡庆余堂旧址里有一副很有名的对联，写作：“修合无人见，存心有天知。”还有老字号同仁堂“炮制虽繁必不敢省人工，品味虽贵必不敢减物力”的古训、老字号叶开泰“并蓄兼收益人长寿，遵古酌今损己无欺”的堂训等，都在讲管理者心中要有别人，要放下自私的小我，与他人合一，与天理合一，管理者要修身、慎独、治心、主敬、自省，这些都是为了放下自己，修出大我，修出无我。

做医生先要有医德，做教育者先要有师德。古代书院书塾也有很多明训值得我们教育管理者好好品鉴学习，比如钟山书院联“博学于文，行己有耻”，白鹿洞书院联“日月两轮天地眼，读书万卷圣贤心”，德山书院联“德邻古善卷，山势小桃源”，丰湖书院联“文字有神揭星汉，圣贤以道证人天”，雅丽书院联“雅言诗，雅言书，雅言执礼；丽乎天，丽乎地，丽乎人文”，锦屏书院联“遵道而行，学者必以规矩；诲人不倦，焕乎其有文章”，东皋书院联“人从剥复后，始见天地之心；我在畎亩中，犹乐尧舜之道”，福建建宁府学明伦堂联“师师庶僚，居安宅而立正位；济济多士，由义路而入礼门”，等等。

管理者对世界、对他人、对万物的影响，较一般人而言更为广泛深远，所以管理者肩负的责任较为重大，尤其需要时时无我、处处无私。

人相对万物而言，是万物之灵，可以说是万物的“管理者”。管理者的所思所想、所作所为必须做到心怀万物、心怀敬畏、心怀仁爱，否则“人类中心主义”必然对自然万物带来莫大的伤害，并引起一连串的连锁反应，最终必然引发咎由自取、自作孽不可活的反噬。

从事管理工作的人，相对普通人而言则是所谓的“人上人”，是人中的“大人”。既然是“大人”“人上人”，自然要做一个“好官”“清官”，不能做“自我中心”的糊涂官，要做破除个人执念与私心的好官，要做少私寡欲、清净自律的清官。

当“义利不合一”的时候，他人不以仁义之情对我，我也不以仁义之情对他人，我不把别人当人看，别人也不把我当人看。人们会以诸如宗教、信仰、地界、种族、历史等为由头相互区别、相互对立，导致大家一起遭遇灾祸变乱。要想实现“义利合一”，每个人都要首先从自己做起，先把利益让出来一部分，先把尊重表现出来，先把心意表达出来，这样大家才能一起迎接幸运和福气、一起免去无妄之灾。人与人、人与万物均是生命共同体。人对自然的伤害最终会反噬人类自身，人对人的伤害也必然会如回旋镖一样伤及自身。人与人、人与万物之间平等和谐、和平共处才是大道之行。

有时候，人之所以会伤害别人，皆起源于内心的不安全感和不富足感。这种不安全感和不富足感，导致对功名利禄、权势尊位的贪求和霸占。那些在利益面前做到“无己”，首先站出来把自己的利益给予他人；在事业面前“无功”，敢于先把自己的业绩让给他人；在荣誉面前“无名”，勇于先把自己的名誉给予他人的人，才是真正实现身心自由和身心富足的人。

“上德不德，是以有德；下德不失德，是以无德。”如果一个人把自己做的好事到处拿来标榜，自己把自己当作一回事，这个人就不能算作有德之人。把做好事当成一件很自然而然的事情，完全不放在心上，这样的人才可以算作有德之人。越在乎名誉名声，越是说明内心亏欠名誉名声；越是认为自己是好人没得到好报，越是说明内心缺乏良善。一个真正的君子并不会自认为是君子，因为真正的君子总是以别人为镜，时时处处反省自己的起心动念，他总是在修正自己，这样的人自然不会自认为是君子。只有把自己放得过大、把别人看得过小的人，才会自认为是好人。

中国人常说“吃亏是福，占便宜有祸”“吃苦是甜，吃气是乐”。自私自利、私心杂念的“小我”是人们通向幸福快乐的绊脚石。北京大学楼宇烈教授说，如果人人都因为怕吃亏而不去做，那么将来必然是人人吃亏的社会。如果人人觉得吃亏是福的话，每个人都吃点亏，那么整个社会就是人人都不吃亏的社会。

《清静经》中说：“众生所以不得真道者，为有妄心；既有妄心，即惊其神；既惊其神，即著万物；既著万物，即生贪求；既生贪求，即是烦恼；烦恼妄想，忧苦身心；便遭浊辱，流浪生死；常沉苦海，永失真道。真常之道，悟者自得；得悟道者，常清静矣！”

一个人想要做到“义利合一”“见利思义”，必须能够去除私心杂念。当代社会过度刺激人的眼耳鼻舌身意。手机、电视、网络各种传播工具，让人目之所及、念之所想处处妄念丛生。身处在处处扰动内心贪欲的社会，人就会太过自我、太过狂妄，太过自我和狂妄就会招致祸端和戾气。妄念出口，就是妄言，妄言成为行为，就是妄行，妄言妄行，必然招致烦恼痛苦。只有内心清净，遣欲澄心，去掉贪求妄想，才能物我两忘，获得清净自在。

人首先要把沉浸在自己私心之中的“小我”中的我“放大”，再把放大的“大我”放小，直至小到“无我”；还要能把“我”变成“我们”，能把“我们”变成“大我们”，再能把“大我们”变小，直至“无我”“无我们”。这些都是优秀管理者的不断进阶之路、提升之路。

在组织中实现“义利合一”的管理，就如湖中波动的涟漪，一层层扩散，一层层传递。由管理者一人提升开始，带动一个部门提升；一个部门提升，带动整体行业水准的提升；整体行业水准提升，进而提升整个社会的认知水准；最终社会达到了“义利合一”的集体认同，从而形成了义利合一文化管理的社会氛围和社会效果。

把“义”与“利”合一，就是把领导和员工合一，大家心往一起聚，力往一起使，不分别、不对立，成就好的管理气氛。

把“义”与“利”合一，就是把个人利益需求与集体利益需要合一，“义以生利，利以平民”，义中取利，用利成义，成就好的管理风格。

把“义”与“利”合一，就是把“君子爱财”与“取之有道”合一，把“和而不同”与“不同而和”合一，成就好的管理机制。

把“义”与“利”合一，就是把内部顾客的员工与外部顾客的消费者合一，把“内部顾客”和“外部顾客”合一，把“产品价值”和“顾客价值”合一，成就好的产品质量体系。

《增广贤文》中有言：“两人一般心，有钱堪买金，一人一般心，有钱难买针。”大家同心同德，就可以赚到很多钱，大家不齐心，连根买针的钱都很难赚到。正所谓“兄弟齐心，其利断金”“一箭易折，五箭难摧”“人心齐泰山移”“众人拾柴火焰高”“单丝不成线，独木不成林”。大家合作做事，本是一个整体，本该一条心，如果各自为政、各打各的小算盘，结果只能是分崩离析、反目成仇。

好的管理是生态管理，是绿色管理，是可持续管理，是共同体管理，是合作共赢，是相融共生。义利合一的管理就是生态的绿色管理；义利合一的管理也是实现了自我管理的管理，实现了自动自发的自律管理；义利合一的管理是零管理成本的管理，是“心往一处想，劲往一处使”的一体化管理。

在教育管理中，我们同样要生成团结共生的义利合一、良性循环的文化，要提倡和谐共荣、和衷共济的氛围，兼顾精神与物质融合发展的合一路径，打造个体价值与团队价值匹配契合的合一愿景。

4. 道之以德之量时度力：知白守黑的不二管理

我国古语中有很多“不二”的管理智慧，所谓“不二”就是看起来似乎矛盾的两个方面实际上却浑然一体。所谓“反者道之动；弱者道之用。天下万物生于有，有生于无”“知其白，守其黑”“知其雄，守其雌”“知其荣，守其辱”，还有“孤阴不生，孤阳不长”“天下之至柔，驰骋天下之至坚”“祸兮福之所倚，福兮祸之所伏”“失之东隅，收之桑榆”“吃一堑，长一智”“三十年河东，三十年河西”“分久必合，合久必分”“物极必反，否极泰来”“阳盛转阴，阴极升阳”“水满则溢，月满则亏”“全则必缺，极则必反”“乐极生悲，致盈则亏”“乐极悲生，乐往哀来”“逆来顺受，顺来逆受”，更有“近而示之远，远而示之近”“天下皆知美之为美，斯恶已；皆知善之为善，斯不善已”“有无相生，难易相成，长短相形，高下相倾，音声相和，前后相随”等经典古语，都在传达阴阳不二的管理思想。

“万物负阴而抱阳，冲气以为和。”任何事物都有它的阴阳两面性，阴中有阳，阳中有阴，阴极生阳，阳极生阴，经济的繁荣和衰退总是不断地轮替循环，四季的春夏和秋冬总是不断地周期轮回，事物发展到它的极点，总是会向其相反的方向转化。《易经·系辞》中有言：“一阴一阳之谓道，继之者善也，成之者性也。仁者见之谓之仁，智者见之谓之智，百姓日用而不知，故君子之道鲜矣。”自然界中阴和阳相互对立又相互统一的关系就是万事万物的道。

白天与黑夜、有形与无形、树干与树根、阴与阳、呼与吸、舍与得、内与外、上与下、正与反、分与合、矛与盾、优与劣、荣与辱、成与败等都是一阴一阳的关系。没有其中任何一方，我们就无法感受到另一方的存在。一方出现，另一方只是隐藏，随后就逐渐显现。相生相克、对立统一的二者之间一直在相互易变的无穷无尽的变动之中。这样的关系，很多人都只能窥见其中一个角度，仁者只见仁，智者只见智，如此只能“知其然却不知其所以然”。

“一阴一阳之谓道，继之者善也，成之者性也。”一阴一阳之间的变化规律就是道，继承阴阳太极之道则产生万事万物的善，成就“道”是万事万物内在的本性，这是宇宙生生不息的法则和规律。这个世界是一个整体，是个一，但是此一并非一，而是由阴和阳共同组成的一。有正必有负，有好人必有坏人，有光明必有黑暗，有天堂必有地狱，有成功必有失败，有自己必有别人，有看得见的部分必有看不见的部分，顺逆一视，欣戚两忘，如此才能循环往复，周而复始，生生不息。

“孤阳不生，独阴不成”“阴极阳生，阳极阴生”。好比生死之间，万事万物有生也有死，生死都在道中，有生有死谓之道，不可能只生不死，也不可能只死不生。强中有弱，弱中有强，强能变弱，弱能变强。成功的人早已在内心接受了失败，而内心拒绝失败、害怕失败的人早就注定了失败。不懂得柔弱的刚强，不是真刚强，因为此刚强无法胜柔弱；不懂得刚强的柔弱，不是真柔弱，因为此柔弱无法胜刚强。

人和万事万物都有阴阳两个方面，这两股力量相互对立又相互统一，它们相辅相成又相生相克，相互推拉又相互转化。只有遵照一阴一阳相互对立又相互转化的不二规律做事，才能承接善的结果，才能按照事物的本性去做事，才能趋吉避凶、圆满和谐。

水集柔弱与刚强于一身，所谓“天下莫柔弱於水，而攻坚强者莫之能胜”。风也是集柔弱与刚强于一身。虽看不到风的身影，它却无孔不入，北风寒冷刺骨，南风温润拂面。风既能拔屋倒树，又能“长风破浪会有时，直挂云帆济沧海”。

大树的“坚强”与小草的“柔弱”之间有着强烈的反差。“木秀于林，风必摧之。”狂风中被齐腰刮断的参天大树，平时看似强大，但在狂风中却不堪一击；而风中伏地的小草，平时看似弱小，但在狂风中却可以毫发无伤。武力征服难上加难，而文化“征服”则如春风化雨、润物无声。

懂得一阴一阳之道的人，既知道阳中的阴，了解阴中的阳，还懂得应用均衡调和之术达到阴阳和合。老百姓其实常常应用这个阴阳平衡的道理于自己的日常生活中，所谓“日用而不知”。因为没有主动意识到这一点，所以悟道得道的人就很少。

国学大师曾仕强先生曾用圆通的智慧如此解释“一阴一阳之谓道”：现在很多人争论人到底是为自己而活，还是为别人而活，这是很无谓的争论。一阴一阳之谓道告诉我们，我们一方面要为自己而活，另一方面也要为别人而活，而且为别人而活其实也就是为自己而活。在为自己和为别人而活二者之间，要找到相对合理的点。要找到这个相对合理点，必须安静下来，好好研判，然后仔细了解自己和别人，之后还要先试一试看看各自的反应如何，然后才能初步判定比较适合自己的相对合理点。

管理上，既要坚持原则又要圆通机变。原则与机变是一阴一阳，担当责任与获得利益是一阴一阳，权利与义务是一阴一阳，分工与合作是一阴一阳，都要做到“一阴一阳之谓道”。也就是说，管理上既能明确责任和利益，又能实现责任利益相融合的均衡；既能明确权利和义务，又能实现权利义务相融合的均衡；既能明确分工与合作，又能实现分工合作相融合的均衡，就能实现“你中有我我中有你”的良性循环。

做管理的，只讲奉献和义务，却不谈利益和权利，就很难达到管理合一的目的；明确了二者，又能够让二者的界限不是绝对地清晰界定，才是懂得了一阴一阳之谓道的道理，才是活学活用了通达变通的道理。人做事情懂得持经达变的变通，坚守不二整体原则的同时能够迂回变通，能够顺势而为、因势利导，才是得道之人。

道德经说：“有无相生，难易相成，长短相形，高下相倾，声音相和，前后相随，恒也。”有与无、难与易、高与低、声与音、前与后，还有诸如物质与精神、空与实、有形与无形、利人与利己等都可以组成阴阳的对立统一体。“水至清则无鱼，人至察则无徒。”如果水过于清澈，鱼就无法生存；同样，如果一个人对别人要求过于严格，就会没有朋友。“持身不可太皎洁，一切污辱垢秽，要茹纳得；处世不可太分明，一切贤愚好丑，要包容得。”为人不能过于清高，对于俗世污垢，也要学会接受；处世不能疾恶如仇，好的坏的都要适当包容。“处富贵之时，要知贫贱的痛痒；值少壮之日，须念衰老的辛酸；入安乐之场，当体患难人景况；居旁观之地，要谅局内人苦心。”人生富贵时，要预先想到贫穷时候的艰难；身强力壮时，要预先想到年老迟暮时的辛酸；处于安乐光景里，要多体谅患难人的景况；作为旁观者时，要多体谅局内人的不易。“必见其阳，又见其阴，乃知其心；必见其外，又见其内，乃知其意；必见其疏，又见其亲，乃知其情。”一个有智慧的人，既看到人的公开言行，又了解他暗地里的活动，才能知道他的真实想法；既看到他的外在表现，又了解他的内心情况，才能知道他的真实意图；既看到他疏远什么人，又了解他亲近什么人，才能知道他的真实情感。这样的人，即懂得一阴一阳之道的人。懂得一阴一阳之道的人，明了万事万物都是好中有坏、坏中有好。做好阴阳太极的整体管理才能避免“因利生害”，进而实现“变害为利”。无与有、无为与有为、刚强与柔弱之间是辩证转化的关系。

民谚说“没有大粪臭，哪有五谷香”。阴阳一体构成事物的本性，阴阳相互变化转换的规律是万物生灵生成发展变化的法则。白天与黑夜、甜蜜与苦涩、成功与失败、富贵与贫穷、强大与弱小、光明与黑暗都是相互转化的，不是相互排斥的，如果“分别心”太重，就会招致失败和痛苦。

中国人讲五行相生相克，也是一阴一阳之谓道的应用。金生水，水生木，木生火，火生土，土生金；金克木，水克火，木克土，火克金，土克水。有“我生”的，也有“我克”的；有“生我的”，也有“克我的”。“被生”也“被克”，“我生”也“生我”，如此一阴一阳之间共同维护整体的稳定。所谓“万物负阴抱阳，冲气以为和”，即天下万物生灵背阴而向阳，由阴阳二气互相激荡而成为生命体，缺少任何一方都是不行的。

“只知其一而不知其二”的人，只知道一味地善良，最容易因为遭到挫折而失去善良，这样的“二分法”管理既扭曲了自己的本性、耽误了自己，还耽误了“仁义礼智信”。知道什么是坏的才能知道什么是好的，深谙什么是世故才能让自己做到不世故，看懂人性的自私才能更好地明白自己该如何好好做个人。因为自己淋过雨所以想为别人撑把伞，因为见过花落所以懂得珍惜花开，如此“知其一又知其二”的人才能成己安人。不仅如此，一个人要了解真理并坚持守护它，同时又能认识到世界上的阴暗面从而避免受其侵袭，最后还能化黑暗为光明，化愚昧为清明，这才是“知白守黑”的“不二”管理。

《菜根谭》有云：“势力纷华，不近者为洁，近之而不染者尤洁；智诫机巧，不知者为高，知之而不用者尤高。”意思是说：权势利益往往使人眼花缭乱，那些没有接近这些权势利益的人固然能保持清白，但接近了的人却能使自己“出淤泥而不染”，那才是真正的清白；不知道如何投机取巧、如何要尽手段的人，固然可以保持自己的清高，但知道这些却不去用的人，才是真正清高的人。

唐代诗圣杜甫正是如此知白守黑之人。他在《茅屋为秋风所破歌》中写道：“八月秋高风怒号，卷我屋上三重茅。茅飞渡江洒江郊，高者挂罥长林梢，下者飘转沉塘坳。南村群童欺我老无力，忍能对面为盗贼。公然抱茅入竹去，唇焦口燥呼不得，归来倚杖自叹息。俄顷风定云墨色，秋天漠漠向昏黑。布衾多年冷似铁，娇儿恶卧踏里裂。床头屋漏无干处，雨脚如麻未断绝。自经丧乱少睡眠，长夜沾湿何由彻！安得广厦千万间，大庇天下寒士俱欢颜！风雨不动安如山。呜呼！何时眼前突兀见此屋，吾庐独破受冻死亦足！”杜甫自己的家被风吹得破败不堪之时，他心中想的却是“安得广厦千万间，大庇天下寒士俱欢颜！风雨不动安如山。呜呼！何时眼前突兀见此屋，吾庐独破受冻死亦足”，这是何等的胸怀，何等的境界！他为何有如此的气度和胸襟？因为君子无论何时何地何等处境，都能设身处地、推己及人、换位思考，合于知白守黑之道。

“中国式管理之父”曾仕强先生说：“好人要自己去创造条件，使自己不被坏人所害。同时，还要影响坏人，使其改过自新，想办法把该做的事情做好，同时避免祸端。”如何影响呢？即以柔克刚、以圆破方。真正的强者往往很低调，虚怀若谷，随遇而安，润物细无声；而那些言行高傲自大的人，往往缺德少才，欲壑难填，即使机关算尽，也因遭人嫉恨，平白惹出无妄祸端。

《菜根谭》有言：“人之短处，要曲为弥缝，如暴而扬之，是以短攻短；人有顽固，要善为化诲，如忿而嫉之，是以顽济顽。”人有缺点过失，要委婉地规劝和弥补，假如去揭发传扬，那只是用自己的无知缺德攻击别人的短处；当人的个性比较愚昧固执，就要耐心地诱导和启发，假如自己首先生气厌恶起来，不仅无法改变别人的愚昧固执，反而只是证明了自己的愚昧固执，用自己的愚昧固执救助他人的愚昧固执，不过是抱薪救火罢了。

围棋中看懂了白子才能下好自己的黑子，这就是知己知彼百战不殆的知白守黑管理。那些有智慧的人（管理者）本来拥有强者的本钱，但面对傲慢狂妄的对手（下属），却能安处柔弱之位，采取弱者的态度，来“三顾茅庐”，这样的做法必然能赢得强者的心。反之，如果一开始就刚强，只会遭到对方更加刚强的抵触。而在另一个情势之下，遇到缺乏信心和意志力的对方（下属），则可能需要采取适度强势的态度，以便于激励其勇气和战斗力。

当面对霸权强权、专断独权、欺凌欺诈，自己内心能够明辨是非对错，能够分清善恶美丑，虽内心澄明但外表若愚，能够深藏不露，看破不说破。不仅不与之同流合污，还能守得住内心的一片宁静清明，与此同时，不断创造条件、抓住时机，有足够的智慧去纠偏，有足够的策略阻止坏人作恶，有足够的方法不让败德的行为得逞，直至守得云开见月明，这种静中有动、柔中有刚的表现，就是知雄守雌、知白守黑、知荣守辱的“不二”管理。

《礼记》上说：“好而知其恶，恶而知其美。”曾国藩也说做人“勿以小恶弃人大美，勿以小怨忘人大恩”。两者的意思都是说人往往有好有坏，有善有恶，有优点也有缺点，所以管理上要做到雌雄同体、刚柔并济。所谓“太柔则靡，太刚则折”。管理要找到不同情境下的最佳平衡点，来顺势管理。责任与利益是一阴一阳，权利与义务是一阴一阳，分工与合作是一阴一阳，管理上能够因地制宜、因人制宜地划分清楚责任和利益的平衡、权利和义务的平衡、分工与合作的平衡，才能实现量时度力的“不二”管理。

三、齐之以礼思想在管理中的应用

“单丝不成线，独木不成林。”德与礼合力，是天道与人道的合一，即“德”为“天道”之容，“礼”为“人道”（人类内心秩序）之容。德与礼合力，也是人类内在精神与外在形象的合一。“礼”是“理”的外在表现，也是“德”的外在显化。当“道德”内化于心的时候，自然以“齐礼”的形式而外化于行。

中国人讲究“以理服人”，“理”在心内，对内有原则，为

“方”；中国人也讲究“以礼待人”，“礼”在心外，对外有圆融，为“圆”。有理有礼，即为“外圆内方”。而内外之间，“礼”“理”相通。

我们中国人认为“凡人之所以为人者，礼义也”，待人接物上要“非礼勿视，非礼勿听，非礼勿言，非礼勿动”。不符合礼制的，不能看、不能听、不能说，也不能动。那什么是“礼”呢？“礼”的作用到底是什么呢？

“故礼之教化也微，其止邪也于未形，使人日徙善远罪而不自知也，是以先王隆之也。”礼的教化作用是在不知不觉中实现的，它能够在邪恶成形之前就将其止息，能够使人们在潜移默化之中趋向善良、远离罪恶而又难以察觉。所以圣人特别尊崇礼。可见，“礼”帮人迁善远罪，且能迁化、升华人心于潜移默化之中，犹如人的元气、树木的根本。人人讲礼仪、循礼法、崇礼教、重礼信、守礼仪，才能让上上下下和谐稳固。

“礼器是故大备。大备，盛德也。礼释回，增美质；措则正，施则行。其在人也，如竹箭之有筠也；如松柏之有心也。二者居天下之大端矣。故贯四时而不改柯易叶。故君子有礼，则外谐而内无怨，故物无不怀仁，鬼神飨德。”就是说，礼的功用充分发展，礼才能至于完备；而礼的完备，正是德行完善的表现。礼可以去除邪恶，增进人的本质之美；将礼用于身，可以使人正直；将礼用于事，则无所不达。

“礼之本为仁，礼之质为敬。”礼对于人来说，好比竹箭有了皮，可以修饰其外；又好比松柏有了心，可以坚固其内。内外两个方面兼备，正是天下万物的大本。有了大本，就能历经春夏秋冬、四季变换、岁月沧桑而不改变其枝繁叶茂的活力。对于人来说，君子如果有了礼，就能与外界和谐相处，而内心也无怨恨，上不怨天、下不尤人，天下万物生灵都喜欢这样谦和有礼、内方外圆的谦谦君子。

礼还能让人更容易接受他人的美德。《论语·泰伯篇》中说：“恭而无礼则劳；慎而无礼则葸；勇而无礼则乱；直而无礼则绞。”恭敬、谨慎、勇敢、直爽都是优秀的品质，但是如果没有礼的约束和节制，就会适得其反地走向劳倦、胆怯、祸乱、尖刻的结果。

“礼”可以分成两部分：礼义和礼仪。礼仪是礼义之行，礼义是礼仪之理。礼义是礼仪背后的“理”，礼仪是礼义的外在表现。礼仪以礼义为心，礼义以礼仪为体。礼义清清楚楚，礼仪自然明明白白。礼义因为礼仪而全，礼仪不全，礼义亦难存。礼仪和礼义合一，即为“礼”。

而“齐”又是什么意思呢？大自然中不存在完全相同的两个物体。《孟子》说，“夫物之不齐，物之情也”。孔子曰：“见贤思齐，见不贤而内自省也。”庄子《齐物论》所讲的齐物，指的是万物一体，万物之间只是能量和物质的相互转化，并无本质区别。所以“齐”的第一层意思是一视同仁。虽然自然万物并不是整齐划一的，但圣人对待自然万物却是一样的，是没有差别的，都是一碗水端平的，即“齐”的。有道德涵养的人，内心充满了仁爱，有了仁爱体恤之心，自然能够视万物生灵为自己，自然能够做到“齐礼”以待之。

“齐”的第二层意思，则是向模范看齐、向圣贤看齐，是上行下效，修道立德。“齐”是自己做到温良恭俭让，他人自然向你看齐，向你的德行看齐。“齐”不仅仅是表面上的和谐和平、相处融洽，更是成员之间认知和价值观的一致统一。

齐的第三层意思，是人心齐，一起向上看，一起进步，共同成长。“禾麦随地之高下为高下，似不齐而实齐。参差其上者，盖明其不齐而齐也。”大家各有其秉性，互不相同，参差不齐，虽为异质却可以相济相协，从而相互补全、生生不息。他人都是照见自己的一面明镜，大家互为明镜，方能互为示范、互为引导。

管理上的齐家治国平天下，也是同样的道理。家庭成员中有人思想比较落后，团队成员中有人心态比较消极甚至偏激，管理者的内心对他们依然是一样的尊重、一样的对待，以平等的心态看待人和事，对人对物均以礼相待，然后就能够引领他们依据自己的优势和长处来工作，大家才能心齐，人心齐泰山移。所谓万人离心，不如百人同力。只要心齐了、气顺了，所有的事情就好办了。

“闻道有先后，术业有专攻。”管理者通过身先士卒、以身作则的方式持续带领大家、引领大家，就能收获“心齐”而“行异”的管理效果。相对地，“行齐”而“心异”的状态绝对不是好的管理。

作为人，“礼”是维护人本身形象的根本保障。所谓“礼者，人道之极也”“人而无礼，焉以为德”。人“不学礼，无以立”“人有礼则安，无礼则危”“人无礼则不生，事无礼则不成，国无礼则不宁”。可以说，对一个人来说，礼仪是他的品德道德、修养涵养、交往沟通能力的外在表现，对一个国家来说，礼仪是国家文明文化、道德风尚、习俗风俗的展现。对于教育而言，礼更是教育的重要内容，礼的实践通过教师传递给学生，让学生懂得礼的对象不仅是人，不仅局限于待人接物，礼的教育可以扩展到爱护物品、爱护自然等，礼涉及的是个人与他人的关系、与集体的关系、与世界的关系，礼涉及的也是由对天地人万物的观照最终回归自己本心的自我关系。

在“礼”上，中华民族向来是礼仪之邦，讲究礼尚往来。中国人的治国方略，永远都在追求德治和礼治的道路之上。中国人讲“礼仪”而不是讲“利益”，因为在中国人眼中礼仪是规则的运行，是秩序的维护，是文明的展现。先有象征文明、秩序和规则的“礼仪”，才有之后的“利益”，如果“礼崩乐坏”，所谓的利益便是靠不住的。

举例来说，即使是战争也须遵礼而行。《礼记·檀弓下》有言：“师必有名。”师出有名则无往而不利，即发动战争必须出自正义，是为了替天行道，或者说出战前必须有正当的理由，必须占理，且只能讨伐失德的国家，否则，即使胜利了也是“胜之不武”。反之，如果师出无名，必然招致其他人的疑虑，那就是将自己推到所有人的对立面，让自己腹背受敌。“两国相争，不斩来使”“罪不及父母，祸不及妻儿”等民间俗语，还有现在我们常说的“比赛第二，友谊第一”，也是讲比赛礼仪中参与重于输赢、友谊重于利益。

“礼”还含有“敬”“净”“静”的深意。礼仪是一种自我觉知、自律意识的体现，是“维稳治乱”的人伦秩序的外显形式。自身知礼、明礼、行礼表达了对自己的尊重，同时也是对自我心灵的净化，更是自己内心平和安定的表现。用特定的礼仪方式对他人以礼相待、待人以礼、礼让他人，是一种宽容精神的体现，对他人知礼、明礼、行礼表达了对他人的敬重，这种尊敬和重视能够感化他人，引导他人的精神意识，对他人心灵亦有净化意义，使他人内心安定平和。

荀子说："国无礼则不正。礼之所以正国也，譬之：犹衡之于轻重也，犹绳墨之于曲直也，犹规矩之于方圆也，既错之而人莫之能诬也。"孟子说："不以规矩，不能成方圆。"对待他人要有规矩，即有礼，使用物品亦要有规矩，也即有礼。尤其对物品有礼是"止欲治乱"的外化表现。正所谓"每一食，便念稼穑之艰难；每一衣，则思纺绩之辛苦""一粥一饭，当思来处不易。半丝半缕，恒念物力维艰""耕犁千亩实千箱，力尽筋疲谁复伤？但得众生皆得饱，不辞羸病卧残阳"……这些古训都在教育我们对粮食、食物、物品要"取之有度，用之有节"，要"礼遇有加"，我们当代倡导的"防止舌尖上的浪费""光盘行动"也是同样的理念。对物品和食物要珍惜、节省、物尽其用，这是人对万物充满敬意的礼仪，更是对自己的福气惜福感恩的礼仪。

"礼"有两种。一种是属于普通人的"礼"，一种是属于圣贤君子的"礼"。普通人的"礼"需要讲清楚"礼"背后的道理，而对于拥有高远品格和宽厚胸襟的圣贤君子而言，"礼"，是自然而然、自发的，是不需要刻意为之的"礼"。圣贤君子的"礼"并没有"礼"的概念，却从心所欲始终在"礼"之中。

对于普通人而言，人人皆有私欲，有私欲则有竞争，有竞争则有纷争和争端。纷争和争端就会让人类的生存环境变差。中国人常常说"君子爱财，取之有道""盗亦有道""衣食既足，礼让以兴”等。这些话语都在告诉我们作为人要有人样儿。这个人样儿，就是人用道德礼法来约束自己的欲望和行为。为了让大家都能有合理的私欲和合理的竞争，就要让人的言行皆合乎“德礼”。人要有人道，不可任意妄为，人要用“德治”“礼制”来适当克制自己的私欲和妄念，这也是现代社会我们之所以强调“礼”的意义。

遵从德之教化、礼之规范，并非为了服务于等级制度，因为“礼”暗合天道天理。天道天理是利而不害、为而不争、和谐共处、共生共荣。制定“礼”的初衷就是让人合道而行，保护人类的文化和文明。遵守“道德礼法”不是为了道德绑架自己，不是为了服务于等级制度，不是为了奴役人麻醉人，而是为了对得起自己，是为了保护自己的“良心”良知，可以让自己堂堂正正、问心无愧地活着。当我们言语行为“上合天理、下合人礼”，我们做人才做得最舒心、最安心。

“不做亏心事，不怕鬼敲门”“身正不怕影子斜”“心底无私天地宽”。能够堂堂正正做人、规规矩矩做事的人是内心安泰、安稳的人。为人处世不愧对自己的“良心”，不违背世间天理，正道直行，光明磊落，自然身体健康、心情坦然。否则，我们就会心有亏欠、心有愧疚。如此一来，哪怕获取了很多外在的功名利禄，内在也是匮乏残缺的。所以德与礼都是保护我们自己身心健康的“明灯”，也是保护我们人类繁衍生息的“太阳”。我们要好好学习德礼，好好思考其中的道理，了解其中的深意，从而坚定不移地信守。

那么，“礼制”主要有哪些呢？《荀子·礼论》中有言：“礼有三本：天地者，生之本也；先祖者，类之本也；君师者，治之本也。无天地，恶生；无先祖，恶出；无君师，恶治。”天地是人生存发展的根本，祖先是种族宗族的根本，君师是国家社稷的根本。本不立道不生，没有天地、祖先和君师，就好比树木没有了树根、人没有了灵魂。没有了根的树，无法生生不息、薪火相传；没有了灵性的人，无法繁衍生息、代代相传。中国台湾蔡仁厚教授认为：“天地是宇宙生命的本始，祖先是个体生命的本始，圣贤是文化生命的本始。这几个‘本、始’都不可忽视，不可忘本。心中有‘天地圣亲师’，可以使我们的家人、子弟、儿孙，随时获得天地生德的流注，获得祖先恩泽的滋润，获得圣贤慧命的启发。”

中国人自古以来敬畏天地、敬重祖先、敬仰圣贤，都是通过祭拜天地、祭拜祖先、祭拜圣贤的礼节礼仪，来树立他们在人们心目中的神圣感和权威性。中国人对天地父母感恩戴德，对圣贤明师尊重敬仰，对宗亲族人深情敬重，体现了国人敬天法地、崇师重道、孝亲尊长的价值取向，是中国传统文化中至为重要的精神信仰和心灵支柱，成就了中国人的自然生命、社会生命、文化生命。

祭拜天地拜的是“公心”，祭拜祖先拜的是“感恩心”，祭拜圣贤拜的是“上进心”。“公心”涉及的是个人与他人、群体、组织、国家、世界、天下的关系，“感恩心”涉及的是个体与亲人、家人、朋友、贵人的关系，“上进心”涉及的是自己的心，是对自己的行为负责，对自己的人生负责。由对天地万物的观照，到对集体群体的观照，再到最终回归本心，归根究底，这样的“三心”管理，是中国人的道心、责任心、良心。

1. 齐之以礼之敬畏天地：公心管理

中国人敬畏天地，做任何事情都要用“天地良心”来考量。摆正天地良心，是因为中国人相信天地之间自有因果，这种相信因果的态度由来已久。“欲知过去因者，见其现在果；欲知未来果者，见其现在因。”“昨日念，今日果；过去念，现在果。当下果，为过去因；当下因，为未来果。”“种瓜得瓜，种豆得豆。”“蛾扑火，火焦蛾，莫谓祸生无本；果种花，花结果，须知福至有因。”中国人认为种什么瓜，得什么瓜，种什么豆，得什么豆，不可能出现种瓜得豆、种豆得瓜的情况。还有“好人有好报，恶人有恶报”“善恶有报，因果不虚”“善有善报，恶有恶报，不是不报，时候未到”等因果定律，是国人认定天地之间有相应的果报，芸芸众生都要服从自然界因果关系的朴素真理。当然，敬畏天地，还包含中国人“敬神”的一部分，“敬神”体现了中国人对于宇宙的无垠以及自身存在的局限性的认知，还有对那些无法触及的更无限的真理的心怀敬畏，如此才能行稳致远。

天地之间“善不积不足以成名，恶不积不足以灭身”“得道多助，失道寡助”“天知、地知、自知”，就是因果报应的缘起，“杀人偿命，欠债还钱”就是因果报应的体现，“积德无需人见，行善自有天知”就是因果轮回的规则。

“不登高山，不知天之高也；不临深溪，不知地之厚也。”中国传统文化讲究对天地要心存敬畏，因为天地之间自有因果轮回无法抗拒，天地之间自有自然规律不可违背。大自然的一枯一荣、花开花落，瓜不熟蒂不落，强扭的瓜不甜，拔苗不能助长，都在教育我们，作为人要常常观照自己的起心动念，反思自己的行为语言，这样才能避免妄言妄为，规避恶果恶报。因为敬畏因果，所以能够革除偷盗心、去除侥幸心、放下贪欲心，所以能够谨言慎行走正道，老实本分做好人。

《周易》中讲君子人格有“四合”。“四合”即“与天地合其德，与日月合其明，与四时合其序，与鬼神合其吉凶”。意思是说君子要向天地学习，做一个心胸广大、少私寡欲、知足知止的君子，如此方能与天地日月同辉，与四时鬼神不悖。

圣人“与天地合其德”，其德表现在敬畏天地、以天地万物皆为“师”。《万物可以为师》中讲了两个故事：“管仲、隰朋从桓公而伐孤竹，春往而冬反，迷惑失道。管仲曰：‘老马之智可用也。’乃放老马而随之，遂得道。行山中无水，隰朋曰：‘蚁冬居山之阳，夏居山之阴。蚁壤一寸而仞有水。’乃掘地，遂得水。以管仲之圣而隰朋之智，至其所不知，不难师于老马与蚁。今人不知以其愚心而师圣人之智，不亦过乎？”故事大概意思是说管仲、隰朋跟随齐桓公北伐孤竹，春往冬返，返回的路上迷了路。管仲说：“老马识途。”于是就放了老马走在军前，跟着它走就找到了返回的路径。在山中行军时，没有水喝，隰朋说：“蚂蚁冬天住在山南面，夏天住在山的北面，距离蚁窝土壤一寸远、深一仞之处就有水。”于是顺着蚁穴就找到了地下泉水。连管仲和隰朋这样帮助齐桓公成就霸业的聪慧之人，遇到不了解的事，尚须向老马和蚂蚁求教学习，而现在的人却不承认自己愚昧，不知道吸取天地的智慧，不知道向圣贤学习，这岂不是太过分了吗？

圣贤还懂得向大自然学习人类社会的管理之道。关尹子曰：

“圣人师蜂，立君臣；师蜘蛛，立纲罟；师拱鼠，制礼；师战蚁，制兵。众人师贤人，贤人师圣人，圣人师万物。惟圣人同物，所以无我。”圣人以蜜蜂为师，设置各司其职的君臣制度；圣人效法蜘蛛，设立疏而不漏的法网体系；圣人以拱鼠为师，制定礼制以施行教化；圣人以战蚁为师，创立调兵遣将的兵制。百姓以贤者为师，贤者以圣人为师，圣人则以自然万物为师。圣人与物皆处于自然之道的境界，所以“师法万物利天下，同于万物而享天和”，做到如此之人才是真人、善人。

庄子说：“天地有大美而不言，四时有明法而不议，万物有成理而不说。圣人者，原天地之美而达万物之理。是故至人无为，大圣不作，观于天地之谓也。”圣贤都是“以天地为师”，通过细致入微地观察，发现天地日月具有伟大的美却不须言语，四时运行具有明显的规律却不须评议，万物变化具有一定的规矩却不须谈论。圣贤之人，通过探究天地日月四时万物伟大的美，而通晓万物生长变化的道理，人生最重要的不是发现要去做什么，而是明白不要去做什么，所以圣贤之人顺应自然无所作为，从不妄加行动。

龚自珍的《病梅馆记》讲述世人弃正常健康的梅之“直、正、密”等特点，而选取病梅的“曲、欹、疏”等形态，这种对天然自然的横加干涉、以不自然为美的行为，是世人常有的糊涂而不自知的行为。“知常曰明。不知常，妄作凶。”向大自然学习常识，不妄作才不会招致灾祸。自然的才是美的，而伪装的、表演的、人工刻意的，都是不自然的。

除了人与人之间的“礼”，也不能忘了对万物生灵的“礼”。

人取用了很多自然资源作为自己的日用，也消耗了很多生灵作为自己的食物，人应该“礼尚往来”，用自己特有的智慧和心力维护万物生灵，用人类特有的科学技术维护大家共同的地球家园，让万物生灵因为人类而保有更大、更好的生存发展空间，让天地洪荒因为人类而保有更美、更好的永续发展。可以说，敬畏天地，拥有天公地道之心，这是管理人的“天性”基础。

2. 齐之以礼之敬重祖先：感恩心管理

中国人以光宗耀祖为荣，以辱没门楣为耻。中国人心中祖先、父母、长辈的地位至关重要，中国人家族宗族中的血缘、地缘、亲缘观念也非常浓厚。中国人内心常常忧虑自己的言行不当会辱没门楣，甚至可能让父母、家乡因自己而蒙羞，所以谨言慎行，时刻注意自己的品德表现。可以说，敬重祖先对中国人的言行起到了很大的良性规范与自我教化的作用。

国人非常看重家庭、注重亲情，因为中华民族是知恩报恩、感恩图报的民族。因为知恩图报，所以中国人认为“百善孝为先”，孝道是做人的第一品德。《孟子·万章上》说：“孝子之至，莫大乎尊亲。”

而尊亲则是爱护自己、传承血脉、爱家爱国的基础。《孝经·开宗明义章第一》讲“身体发肤受之父母，不敢毁伤，孝之始也”，一个人的身体，哪怕一小根发丝、一小片皮肤，都是父母的恩赐。既然身体发肤都来自父母的恩赐，做儿女的就应当体念父母生养的恩情，小心翼翼地保全自己的身体，不敢稍有毁伤。爱护好自己，好好活着，让父母安心，这是遵从孝道的开始。一个人因为敬爱父母所以爱护自己，一个心中有父母、有祖先的人，不会伤害自己，不会做让父母担心的事情，更不会轻言放弃自己的生命。

以上是孝之始，而孝之终表现在：“立身行道，扬名于后世，以显父母，即孝之终也。”意思是说要修为出好的德行，使自己的德行传颂于后世，父母的声名因儿女的德行而荣耀万千，这便是实现了孝道的终极目标。

“上梁不正下梁歪，上梁正则下梁不歪。”对上尊亲的人，才能收获来自下的人的尊重和敬爱。因为言传不如身教，尊亲的人以身作则地奉行孝道，这样才能正确教导自己的孩子，让孩子走正道。所以敬重祖先，既可以尊老，又可以爱幼，既有以祖先为师传承上代家训家道的意义，又有让自己的后代以自己为师继续传承给下代家道孝道的含义。

水有源树有根，天下没有无源之水，没有无根之木，“饮水思源”“喝水不忘掘井人，乘凉不忘栽树人”“根深叶茂，本固枝荣”。忘本忘根的人，不仅是对过去和自己不尊重，也是对自己本源做了背叛和抹杀。当我们敬重祖先，我们就不会忘根、不会忘本，不忘根不忘本就不会心中有愧，更不会轻视自己的历史和传统，如此才能做到真正的自爱和爱人。

当我们敬重自己的祖先，我们自然就能够做到“老吾老，以及人之老；幼吾幼，以及人之幼”，自然能够把我们对家庭的责任感和爱护心，播撒到爱他人、爱国家、爱全社会、爱世界万物的层面，这是管理人的“人性”基础。基于此，当一个人有了敬重祖先之德，何愁家业不兴、事业不旺呢！当人人如此，又何愁国家不繁荣、社会不安定呢!

3. 齐之以礼之敬仰圣贤：上进心管理

敬畏天地是管理的“天性”基础，敬重祖先是管理的“人性”基础，而敬仰圣贤则是管理的“神性”基础。圣贤是普通人学习的模范，从普通人到圣贤，是一场从人到“神”的蜕变。愿意学习圣贤，是一个人对自身内在存在神性的认同。

中国传统文化认为“人人皆可为尧舜”。每个人都有可能成为圣贤，“保天心以利人极，大其心则可与天地合德”。我们普通人或许终其一生也无法成圣成贤，但只要我们尝试了解和学习圣贤万分之一的心灵境界，如此就已经能够很好地提升我们现有的生活境况和生命状态。

圣贤之士是以先觉觉后觉，是以先知觉后知的人。成圣成贤也是中国人特别是读书人的理想。圣贤是感悟天道之人，同时圣贤也是人道中的道德楷模，是对后世文明和文化有着巨大贡献的人物。尧、舜、禹、周公、孔子等，世世代代的后世之人为敬仰其道德功业而广建庙祠并祭拜。

圣贤是做人做事的典范，在中国人眼里，是非善恶、做人做事的道理都存在于圣贤书之中。中国人把做人做事、是非黑白的道理看得很高，即所谓“让理不让人，帮理不帮亲”。而圣贤就是能够讲清楚是非对错和善恶美丑道理的人。所以中国人因为崇理而总是敬仰圣贤，认为“圣人，百世之师也”。

尊师重道是中华民族的传统美德。圣贤率先垂范，言传身教，是万民之师。敬仰圣贤是中国传统文化中的一种师道文化。我们要学习圣贤的“仁义礼智信”之心，学习圣贤“为天地立心，为生民立命，为往圣继绝学，为万世开太平”之为。

总而言之，敬畏天地、敬拜祖先、敬仰圣贤是传统文化重视人伦关系的象征。中国人讲究有序的人伦关系，包括君臣、父子、夫妇、兄弟、朋友五伦。人伦关系是人与人之间的道德关系和礼节关系，人伦中的双方都要遵守各自相应的规矩和道理。孟子认为“君臣有义，父子有亲，夫妇有别，长幼有序，朋友有信”，君臣之间有忠义之道，要君义臣忠；父子之间有骨血之亲，要父慈子孝；夫妻之间有内外之别，要相敬如宾；兄弟之间长幼有序，要兄友弟恭；朋友之间互帮互助，有诚信之德。

《礼记》中有“父子笃，兄弟睦，夫妇和，家之肥也”之说。人伦关系不是为了维护和加强封建宗法等级制度，不是为了道德绑架弱势群体，不是为了保护旧思想老思维。人伦关系是保护一个人的道德底线，是一个人不能忘本的“天经地义”，做人守得住人伦纲常，知道自己从哪里来，不忘自己的根源，方能存有“不虑而知”的良知、获得“不学而能”的良能，这样才是真的对得起自己。人伦关系是一个人获得幸福的基石，人伦关系也是管理之所以可行的人性基础。

可见，人的敬畏心、感恩心、上进心三心之“礼”，是对天地父母的敬畏之心，是对家国父母的报恩之心，是对自己要求上进的修身之心。这三心之“礼”是与我们息息相关的为人处世的根本之礼，这三心之“礼”支撑着人无论走到哪里都不能丢失的“良心”和本心，这三心之“礼”明确着一个人能够心安理得的根基，这三心之“礼”指明了一个人始终做正确的事的做事准则，这三心之“礼”也是一个人多年后回首往事不愧疚于心的行为标准，更是一个人能够得到安稳和幸福的钥匙。

“礼为义之用。”仁义道德要通过礼仪礼节的仪式和规范，才能得到贯彻落实。“礼齐，则心齐，心齐则百事成。”作为中国人，我们的学校教育自然不能缺少敬畏天地、敬重祖先和敬仰圣人的教育内容和相应的礼节仪式。

每年的固定节日或固定时间，可以进行祭拜天地、祭拜祖先、祭拜圣贤的仪式。以敬畏之心“祭拜天地”——使人有“公心”；以感恩之心“祭拜祖先”——使人有“报恩心”；以效仿之心“祭拜圣贤”——使人有上进心。学校可以在孔子诞辰日行敬拜圣贤之礼，时间可以是课间操时间、早操时间、中午午休时间；方式可以是集体敬拜，也可以是大家自选方便的时间结伴前去，或者只是在教室或办公室里闭目净心遥拜。内容上，学生敬拜圣贤时，可以默默背诵“子曰”的某段话，然后，祈愿自己能够做到其中一二。教师敬拜圣贤时，可以默默思考如何学习圣贤，如何能够对学生因材施教，长善救失。

干部新入职、新教师入职，以及每学年九月的教师节，则可以在学校较为隆重的场所举行宣读“教师誓言”活动。教师最好集体宣誓，宣誓应该有统一的誓词，集体宣誓彰显严肃且高尚的职业仪式感，代表了教师职业的从业准则和神圣使命，宣誓过程既是对自身的警戒也是对自己内心的净化。集体宣誓有助于强化教师的职业精神、弘扬教师的职业道德，守护师者初心，激发从事教师职业的光荣感和使命感。

学校教育在日常学校生活中，诸如用餐的光盘行动、用水的节约活动、排队的礼让习惯等，要处处渗透“礼”的内涵，通过潜移默化、润物细无声之教育氛围，教导学生做文明有礼的人，做知礼、明礼、施礼之人。“礼”的教育不仅要让学生明白懂礼的人能更好地处理人际关系，能更好地自我约束和自我规范，更要好记、好学、好用。比如，教“洗手法”时配上有“礼”的动作，洗好手两手相握，形式上是为了甩掉水，礼仪上是不给地面滴上水给他人制造麻烦，同时也内含谢谢水龙头、谢谢水、谢谢学校、谢谢国家、谢谢天地等深义。用饱含学礼、爱礼、知礼、行礼的价值关怀和相应的语言动作，传递知礼达理的教育细节，并让易学易用、懂礼知礼的教育渗透到学校学习和生活中的一个个细节之中，相信孩子们长大一定会成为爱惜物命、有情有义之人。

在家庭教育中，可以固定在每年的大年初一，全家人一起行祭拜之礼。首先，大年初一是传统文化认为的一年的第一天，一大早起来，全家人先跪拜天地，谢天谢地，表达虔诚的感天谢地之情，同时祝福自己和家人未来一年有更好的心灵成长和利他成就；其次，阖家祭祖，跪拜祖先牌位，缅怀先人，正心诚意，表达尊敬之情；最后，晚辈依次跪拜长辈，汇报自己一年的成长心得，表达感激之情，说吉利祝福语，祝福长辈新的一年健康平安。长辈则可以给晚辈道一些鼓励的话语，发一点红包，以表达对晚辈的祝福和希望。

除此之外，在日常家庭生活中，应教育孩子了解长辈晚辈之间、夫妻之间、亲子之间、兄弟姐妹之间、亲戚朋友之间、邻里之间交往相处的礼仪规范，了解做客和待客的礼仪、餐桌上用餐的礼仪，了解节约使用物品、爱惜物品的家庭礼仪和规范，言传身教以身作则的礼仪家风家训可以让孩子们更加知书达理、知书成礼。

“少成若天性，习惯成自然。”礼仪礼俗之传统文化需要家庭教育、学校教育和社会教育的传播和继承。通过把中国人传统的文化理念、思想境界与家庭和学校教育的日常生活学习建立关联和联结，不断提升传统文化发展的自我转化和自我延续，将有助于我们国人在这场百年奋进的接力前行中，实现中华民族的伟大复兴。

第三章　传统文化中的管理之“理”：心性之治

传统文化中有一个非常重要的管理思想，即心性之治。在传统文化的范畴中，人真正意义上的成长不是生理性的成长，也不是物质财富的成长，而是心性上的成长、心性上的升华、心性上的自我超越。在中国古典哲学范畴中，或认为“心”与“性”无别，或认为“心”与“性”有别；或认为心为先天、性为后天，或认为性为先天、心为后天；或认为人性“善”，或认为人性“恶”，或认为人性“非善非恶”；等等。

其实，无论“心”与“性”是否有别，也无论何为先天何为后天，也不用管心性为善为恶之论，我们只须知道在中国古典哲学范畴中，人的心性可以表现出两种完全不同的状态：一个是人的道德自觉和慎独自律之善，另一个是人的诈伪争夺和矫饰怠惰之恶；一个是人性的优点和光明面，呈现出积极力量，另一个是人性的缺点和阴暗面，呈现出消极力量。

严格来说，人具有佛、人、兽、鬼、魔几种属性，具体由哪种属性主导，关键在于个人的选择。只有超越兽性，才能修成真正的人；只有超越人性，才能修成佛。如果向下堕落，让自己的兽性、魔性和鬼样子占据主导地位，那么人就失去了人的本质，虽然披着人皮，却像一个完全的野兽或魔鬼那样活着。向上提升，通过修心炼性，才能灭兽性、灭魔性、消鬼性，然后明心见性，从而保留人性，升华到佛性。从管理的角度看，人有恶有善，有消极有积极，那么抑恶扬善、扬清抑浊的过程，即管理的过程。

中国传统文化认为这个管理过程即通过“心之为”或者“性之为”来实现。荀子说：“化师法，积文学，道礼义者为君子；纵性情，安恣睢，而违礼义者为小人。”在荀子看来，一个人是有选择的自主权的，人可以选择成为君子或者选择成为小人，通过“化”“积”“道”之“心之为”，可以成就自己为君子；通过“纵”“恣”“违”，可以导致自己为小人。这说明一个人即使性恶，也可以通过主动追求和实践君子之行，而成就内在的道德修养；一个人即使性善，也可能因为纵欲无度、恣意妄为而堕落为小人。其结果主要取决于能否正自己的“良心”、化自己的劣根性。

孔子说“我欲仁，斯仁至矣”“为仁由己，而由人乎哉”，孟子也说“人皆可以为尧舜”“吾善养吾浩然之气”“天将降大任于是人也，必先苦其心志，劳其筋骨，饿其体肤，空乏其身，行拂乱其所为，所以动心忍性，曾益其所不能”。这说明中国人认为每个人均具有“正心”“忍性”的内在心性力量，每个人皆可以改变自己的命运，每个人都可以成为自己的主人，“命自我立，福自我求”。在传统文化的“词典”中，人者“不假外求”，要改变世界，改变自己就够了。因为一个世界的改变，是千千万万个体改变自己的结果。认可个体人具有如此的自主性，是中国传统文化思想所具有的最伟大魅力。

心性之治，也是心性的外合里应，在外在世界“接招”，在内在世界“回招”。外在世界引诱内在心性的黑暗，内在心性则以光明“不变应万变”，以“万变不离其宗”来回应，最终在不断历练之中，在不断淬炼打磨之中，始终以光明的心性来合应，此即为修心炼性、明心见性。

一、传统文化中的管理之理：修心炼性明心见性

在这个不断变化的世界中，人唯一可以控制和下功夫的，即自己的心性。一个人心性中有什么，看出的就是什么；心性中有什么，听到的就是什么；心性中有什么，说出的就是什么。要想管理好自己，每个人都要对自己的心性进行内观、内求、内化。

道无形，德有形。道之以德，自然内心柔软仁爱，可以践行忠孝礼义廉耻。一个人从“孝亲”开始，到“老吾老以及人之老，幼吾幼以及人之幼”，从“亲民”“爱国”，再到“爱物”，爱一切物，则看见“万物有灵”，直到“止于至善”，每一个阶段的悟道修德都是淬炼自己的心性和心力。正所谓“心安，是国安也；心治，是国治也。治也者心也，安也者心也”。

传统文化如此重视自我心性的管理，其实是蕴含着深刻的道理的。因为每个人的责任所在都是自己，对自己完全地负责，自然能对他人负责。每个人只能从自己出发，以己之情度人之情，

“己所不欲，勿施于人”，然后才能推己及人。从自己才能到别人、到他物，这是人心性之中所蕴含的最基本的逻辑顺序。

心性之学是真正的成功学，因为“自助者天助，自助者他助”“人不自助，天将弃之”“求人不如求己，修佛不如修己”“天助自助之人；人自助，天恒助之；人必自助，而后人助之”……只要自己的心性能够做到自强不息、厚德载物，老天和他人都会帮着成就。希望不需要寄托在别人身上或者外界环境上，希望永远都在自己身上。

心性之学是真正的成功学，因为我是一切问题的根源，一切只须反求诸己，无须外求，“打铁还需自身硬”“君子以心导耳目，小人以耳目导心”，无论外部环境给人造成多大的阻碍，最终要看内心的感受和内心的状态。一个人的命运深藏在自己的心性里，因为人永远都只能看见自己心性中的世界。“低级趣味”的心性与“高级趣味”的心性所呈现的人生完全不同。低级趣味追求外部的刺激和欢乐，这些虽然容易获得，但始终浮于表面、无法长久。反而内心的升华和觉知才能带来真正的快乐，这就是所谓的“高级趣味”的心性。

概而言之，假如把人生比喻为旅途，那就是以“道”为“心”的目的地，以“德礼”为“心”的导航系统，以“明心见性”为“心”的风景，最终，人生的旅途就是修炼“心”性，这“心”性的样子就是人生旅途最终的通关证明。

1. 心性之治点燃不夜心灯

中国传统文化所讲的管理都是内在“良心”良知上的心性管

理，而非西方文化向外诉求的外求管理。传统文化所讲的管理不是用制度管理他人的言语和行为，不是用他律管理别人的嘴巴和手脚，而是用自律管理好自己的言行和内在心性。放眼儒释道思想，一脉相承、殊途同归，处处都在教我们如何修心炼性、明心见性，教我们如何做一个心性光明之人。

传统文化如此重视心性光明之学，自有其重大道理深藏其中。“人人自有定盘针，万化根源总在心。却笑从前颠倒见，枝枝叶叶外头寻。”人的心就是每个人的定盘针，就是一个组织的定盘针，也是一个国家、一个社会的定盘针。修心炼性、明心见性可以敲破内心黑暗的无明，让自己内在的光芒闪耀而出，最终达成纯净无染、心清性明、清净庄严、如同沐浴在无尽光明之中的状态。

好心性如同定静的镜子一样，表现出心性中的安定、平静、不将不迎。“至人之用心若镜，不将不迎，应而不藏，故能胜物而不伤。”“至人之心有所定。”“圣人之心静乎。”“心体澄彻，常在明镜止水之中，则天下自无可厌之事；意气和平，常在丽日光风之内，则天下自无可恶之人。”心如明镜，心气和平，此心光明，内心可以包容更多、接纳更多、允许更多、理解更多，视野广阔，心境宏远，便可养浩然之正气，“正气存于内，则邪气不可干”，把做人的光明找到了，才可以做一个心明眼亮、明辨是非的好管理者，才可以做一个清清白白、坦坦荡荡的好官。

关于心性学问，儒家推崇“尽心知性”，禅宗倡导“明心见性”，道家主张“修心炼性”，佛家主张“各自观心，自见本性”。

孟子说：“尽其心者，知其性也。知其性，则知天矣。存其心，养其性，所以事天也。夭寿不贰，修身以俟之，所以立命也。”孟子讲的存心、尽心，都是为了知性、养性，知性则可以知天，养性则可以事天。王阳明说：“无善无恶心之体，有善有恶意之动，知善知恶是良知，为善去恶是格物。”用良知去恶为善为“格物”，“动心”起念之时能够“忍性”不动，能够“动心忍性”者，则能“曾益其所不能”。

《坛经·般若品第二》经文中说：“善知识！不悟即佛是众生；一念悟时，众生是佛。故知万法尽在自心，何不从自心中，顿见真如本性？《菩萨戒经》云：我本元自性清净，若识自心见性，皆成佛道。《净名经》云：即时豁然，还得本心。善知识！我于忍和尚处，一闻言下便悟，顿见真如本性。是以将此教法流行，令学道者顿悟菩提，各自观心，自见本性。”这段话的意思是说，人本来的自性都是清净无染污的，只要知道了自己的心，见到了自己的性，人人皆可成佛悟道。人在豁然开悟那一刻，就找回了自己的本心，也就是悟道了。

唐代禅宗高僧黄檗禅师在《传心法要》中讲：“识取自心，见自本性，更莫别求。”唐代王叔通《唐故了缘和尚灵塔铭》云：“明心见性，厥为了缘。”《元史·仁宗纪三》记载：“明心见性，佛教为深；修身治国，儒道为切。”

张三丰在《道言浅近说》中谈道：“道以修心炼性为首。性在心内，心包性外。是性为定理之主人，心为接性之庐舍。修心者，存心也；炼性者，养性也。存心者，坚固城郭，不使房屋倒坍，即筑基也；养性者，浇培鄞鄂，务使内药成全，即炼己也。心朗朗，性安安，情欲不干，无思无虑，心与性内外坦然，不烦不恼，此修心炼性之效，即内丹也。”道家认为修心炼性就如炼丹，人修炼自己的心性如同修炼自身的“内丹”，需要不断炼化、修正自己，通过个人自身心性的冶炼、洗练，人才能成为一个真正意义上的人。明代伍冲虚在《天仙正理》中谈到何为“炼”：“谓炼者，即古所谓：苦行其当行之时曰炼，熟行其当行之事曰炼，绝禁其不当之时亦曰炼，精进励志而求其必成亦曰炼，割绝贪爱而不留余爱亦曰炼，禁止日习而全不染习亦曰炼。”

“人之所以为人者，惟此心而已。”儒释道思想无一不是在教育我们要对自己心性下功夫，要对自己内在的心神、心意、心念下功夫，尽其“良心”良知之心性所能，达其道德礼法之心性所限，尽极其心，做尽功夫，下足功夫，随时消除自己的贪嗔痴慢疑，随时觉知自己的怨恨恼怒烦，随时随地修正自身、修炼自己，修改自己的缺点错误，修正自己的习气秉性，这是做人的基础心性之学。作为管理者，尤其需要具备这一修心炼性之心性修养。修心炼性的基础境界正如神秀禅师所言：“身是菩提树，心如明镜台，时时勤拂拭，勿使惹尘埃。”时时拂去心上之尘，人才可以“致良知”。

当基础心性之学做到位了，就可以修炼高阶心性之学：明心见性。明心见性的境界则如六祖的一首诗所言：“菩提本无树，明镜亦非台。本来无一物，何处惹尘埃！”这一境界的心性之学就是一个人已经无我，无任何价值评判，无任何起心动念，一个人已经超越了思想、意识、心灵，成为超越心性之人，成为天人合一之超人。

不修炼心性之学，心中或许偶见微微的小火苗，但这样的“心火”常常是短暂的，无法提供源源不断的动力。而且“心火”

常常只是自己的功名前程、兴趣爱好、外在的激励、他人的期盼、外物的刺激、自我的执念和争强好胜心所致，而非持久的、可持续的、内在的、纯粹的、虚静恬淡的动机和意识所成。

点燃“心火”只能带给自己一点点光明与温暖，而修炼“心性之学”，则可以点燃内在的“心灯”。时时处处点燃不灭的心灯，就是关注自我内心的修行，当自我内心趋于完满之时，自然不会桎梏于争权夺利的心机、攀比焦虑的抑郁以及自我不认同的精神危机。

“一灯能除千年暗，一智能灭万年愚。”心灯的光芒万丈能够去除所有的愚痴黑暗，觉醒内在的圆满意识。当我们自己升起一盏跨越黑暗的不夜心灯，便可以既照亮自己又照亮别人，乃至照亮“三千世界”。

2. 心性之治是手段更是目的

教育管理涉及很多层面，包括社会教育管理、学校教育管理、家庭教育管理、个人教育管理。教育管理其实是一个非常普遍的现象，每个人都在或多或少地进行着教育管理，以个人教育管理为例，涉及内容包括但不仅限于如何管理自己的时间和物品、如何管理自己的资源和人脉、如何管理自己的欲望和情绪、如何管理自己的身心健康、如何管理自己的小家庭和大家庭、如何管理自己的工作内容和职业规划等，所以管理是我们“日用而不知”“有其实而无其名”的日常现象。在各种或宏大深远或细小精微的管理问题中，个人的修身养性、修心炼性始终是基础的基础、地基的地基、起点的起点。

个人的修身养性、修心炼性就是人的心性管理。人的心性管理影响着个人的身心健康，也影响着家庭家族的运势走向、事业的兴旺发达，乃至影响着社会的秩序和样貌。个人的内心是祥和和平还是戾气满满，不仅关系到个人和家庭的幸福，更关系到国家的强盛、社会的安定、生态环境的清宁。

当一个人越能够修心炼性、反躬自省，这个人未来成为一个好人、好邻居、好公民、好员工、好伙伴、好家长的可能性就越大。一个社会，修身养性的人越多，就越能成就更好的民族、更好的国家、更好的社会环境。一个人不懂修身养性，不仅是负天地父母之恩、负生身父母之恩、负祖国家乡之恩，更是负了自己。

心性管理是“诚意正心修身”的管理，是清净淡泊、涵养心性、历事炼心、去习化性之管理。心性管理是自己觉悟、自己觉醒之管理，正所谓“读万卷书不如行千里路，行千里路不如阅人无数，阅人无数不如名师指路，名师指路不如自己开悟”。自己觉悟的前提就是向内求的心性管理。

人要先自“理”，然后才能“理”人。每个人都要先百分之百对自己负责，然后才能对他人负责，最后整个社会才是一个负责任、有信用的社会。“古之欲明明德于天下者，先治其国。欲治其国者，先齐其家。欲齐其家者，先修其身。欲修其身者，先正其心。欲正其心者，先诚其意。”中国传统文化涵盖“诚意正心修身齐家治国平天下”之“理”，其中的“齐家治国平天下”所仰赖的基础正是诚意正心修身之“心性之学”。“一念天堂一念地狱”，一个人行万事之前先诚意正心，念念“善护念”，做到每一个起心皆诚，每一个动念皆正，这样的状态做什么事情都能够做好，然后才能“齐家治国平天下”。

心性管理是“治未病”之管理。魏文王问扁鹊：“你们兄弟三人都是医生，谁的医术最高明？”扁鹊说：“我大哥医术最高，二哥其次，我最差。”魏文王说：“此话怎讲？”扁鹊对魏文王说：“长兄于病视神，未有形而除之，故名不出于家。中兄治病，其在毫毛，故名不出于闾。若扁鹊者，镵血脉，投毒药，副肌肤，闲而名出闻于诸侯。”扁鹊的大哥看病，以察人神气为主，通过观察人的精神状态，于病形症状未成，尚在酝酿之时，即将其灭除，是在病产生症状前就治好了，其法隐微，人痊愈了却毫不知情，所以他虽然医术极高，但知者寥寥，只有扁鹊家里的人知道他的厉害。扁鹊的二哥看病，常于病势尚处轻浅表征之时，即出手消弭，人皆以其善治小病而轻慢之，所以他虽然医术高明，但仅闻名于乡里。至于扁鹊自己，常于病人病势强盛之时治病，时机已失，莫之能御时，不得已用针刺经脉、有毒汤药、开刀手术等方法治疗，救人于夺命之顷，遂在诸侯国中“浪得”神医虚名。

《黄帝内经》亦云：“是故圣人不治已病，治未病；不治已乱，治未乱。此之谓也。夫病已成而后药之，乱已成而后治之，譬犹渴而穿井，斗而铸锥，不亦晚乎？”圣人不是在生病之后才去治疗，而是在还没有生病的时候就进行预防；不是在身体的功能紊乱之后才去调理，而是在身体的功能还没有紊乱的时候就进行预防。疾病已经生成然后才去用药治疗，身体的功能紊乱之后才去进行调理，打一个比方，就像是口渴了然后才去掘井、战斗已经开始了然后才去铸造武器一样，岂不是太晚了吗？

做好了心性管理，好比从根本上养好自己的“命”，从根本上不生“病”，也好比做好了危机前排除隐患的预警管理，或者说是把管理前置，此种未雨绸缪、防患于未然的管理就是古人所说的“治未病”。做好了“治未病”之心性管理，即做好了自我管理，做好了自我管理自然也就不需要被他人管理，这就从根本上实现了管理的长治久安。

“心性之学”是根基，是基石，夯实了根基和基石，才能建造高楼大厦。心性之学是“治未病”之学，但因为这个“治未病”的功法最是朴实无华，可以消弭问题于肉眼可见之前，也因此没有得到人们的普遍重视。然而需要了解的是，如果人们失去这个心性管理之根本，去追逐问题的解决方法、策略、法术等“炫技”管理的时候，都是问题已经成形，甚至病入膏肓的时刻，虽然可以有些功效，但毕竟伤害和损害较大，管理成本甚高，且不能得到很好的管理效果。

人所做的一切，都应是为了通过诚自己的意，正自己的心，修自己的身，治自己的未病。他人是自己心性之病的“照妖镜”，关系是自己心性之病的“照妖镜”，事业是自己心性之病的“照妖镜”，权钱名利是自己心性之病的“照妖镜”，挫折苦难也是自己心性之病的“照妖镜”。借假修真，借事炼心，人要借助一切关系、一切他人、一切追逐之物、一切所经之事，修正自己心性之病，最终圆满自己，觉醒自己。通过借助外界的人、事、物、理各种琐碎微小或者各种宏大深远的事情，来体察自己的“起心动性”，“不经一事，不长一智”“知一难，懂一人”“品一人，悟一心”，处处觉察自己的心性之病，时时自化自己的心性之病，这是管理的手段，更是管理的目的。

二、心性之治思想在管理中的应用

心性之治的管理思想内涵可以总结为六个字：正心、化性、修身。管理就是正心，管理就是化性，管理就是修身。管理之道即正心管理、化性管理和修身管理之道。

“举直错诸枉”，排除不属于管理本质的东西，树立真正的管理真谛，才能实现真正的管理。“正心”的“心”是心意，摆正自己的心意，去掉自己的私心和贪欲。做生意的人，要摆正自己的心意，让自己服务他人的心意生生不息，把自己的人品放在产品之上，把人当人，把顾客当顾客，这样才能让自己的生意生生不息。同样地，做教育的人，要摆正自己的心意，把受教育的人摆在自己的心上，不求以心换心，但求将心比心，设身处地地为学生和家长着想，与学生建立较为深厚的师生情谊和信任关系，这样才能让受教育者真正受到教育，帮助他们成为最好的自己。

“化性”指新陈代谢、排污除垢，消除小我的习性，化掉自己的“小性子”，消解自己的“小情绪”，去除自己心灵上的污染，使之纤尘不染。我们所遇到的所有痛苦和对抗，都是来自自身有所污染的心性。当有染的心性遇到对应的情境，就会牵扯出内在的情绪风暴。很多问题并非外境、他人、制度、文化、社会的问题，而是自己内在心性的问题，是内在心性引发的同频共振。当我们学会了允许、接纳、消除小我，通过“化性”修炼，“以恕己之心恕人，以责人之心责己”，就可以将自己内在的“卡点”完全拔除，把自己内在的“痛点”完全清除。当我们不断修心炼性，达成心性无染，就不会怨恨别人，不会因为别人而烦恼，内心永远只有和谐安宁、安定祥和。

“修身”指修复自己的身体，放下尘世与世俗的重负，让自己回到婴儿般纯朴的自然状态。修身需要自我的意志力和毅力，克服不良嗜好，排除外在扰动，做事勤劳节俭，内心知足常乐，身心清净而不浮躁，万事均能做到适可而止、有节有度。修身修出的身心既稳定又有力量，修身修出的身心既生清净又生智慧。身心不乱，身心强大，身心安宁，国家社会才能安定有秩序，有了安定秩序才能有所创新、有所发展。

1. 正心管理：无心、同理心、正心田

修身首先离不开正心，《大学》中说“所谓修身在正其心者，身有所忿懥，则不得其正，有所恐惧，则不得其正，有所好乐，则不得其正，有所忧患，则不得其正。心不在焉，视而不见，听而不闻，食而不知其味。此谓修身在正其心”。

第一，正心是无心。

“正心”是心灵上的自我管理学，是无我无为的自我管理学。正心是无心，是无是无非的心，心无是非，则一切清净，心无挂碍，则无有恐怖。“养志者忘形，养形者忘利，致道者忘心。”忘掉自身的形骸、忘掉身外的功名利禄、忘掉心中的牵挂，忘掉了这些心，就降低了自我意志，放下了自以为是，人才有希望得道。

无心是“无色声香味触法”“无眼界无意识界”“无颠倒梦想”，无心即“不染，不著，不驻，不杂”，无缚，无执，无相，无欲，不受外界声色犬马、灯红酒绿的扰动，不受坏习惯、坏习气的影

响。正所谓“若夫不刻意而高，无仁义而修，无功名而治，无江海而闲，不道引而寿，无不忘也，无不有也，淡然无极而众美从之。此天地之道，圣人之德也”。老子说“上德不德，是以有德；下德不失德，是以无德”。上德的人无刻意之心而有德，所以才具备实际上的德；下德的人刻意让自己有德，所以实际上并没有达到“上德”，只是达到了下德而已。

正心是不动心。无招胜有招。无心就是放下自己的妄念纷飞、放下自己的作茧自缚，不掉进坐井观天的陷阱，不陷入极端情绪的旋涡，不把自己的主观愿望强加给客观现实，不控制也不依赖，不动摇也不执着，不固执也不迁就，此种状态就是不动心。不动之心即无心之心方能装得下“道”与“德”。当心被外界物欲侵染，被自我意志控制，就会出现内心的狂乱，这就是远离了“道”与“德”。正如《道德经》所言：“不见可欲，使民心不乱。是以圣人之治，虚其心，实其腹；弱其志，强其骨。常使民无知无欲。使夫知者不敢为也。为无为，则无不治。”没有心机，没有智巧，没有虚伪，没有欲壑难填，没有内心狂乱，也就没有了恶性竞争，没有了争强好胜，没有了贪得无厌，没有了胡作非为，没有了不择手段，没有了虚荣攀比，人人踏实朴素、勤劳质朴，就更容易达成社会太平、国家安定、大家和谐的上升状态。

无心则无不心，因为无心才能全心全意。太过用心，太过刻意，太在意结果，太基于某种功利心和目的做事反而不能全心全意。“有意栽花花不发，无心插柳柳成荫”，尽人事听天命、顺其自然、静待花开的心态就是正心。

正心是“无我”。有我，则“不识庐山真面目，只缘身在此山中”；无我，则识得真面目，只因跳出了自我的圈子和桎梏。无我即心性中去除了我执和私欲。无我执则虚静恬淡，无私欲则圆融柔软。摒弃自我优越感，不强势、不狂傲、不固执，敢于突破自身的成见，敢于打开意识中的局限性，冲破意识中的障碍和无明。就如孟子所言，“学问之道无他，求其放心而已矣”，放下小心眼、小心机，找到自己的大心、大我。

正心是“无为”。“我无为，而民自化；我好静，而民自正；我无事，而民自富；我无欲，而民自朴。”“辅万物之自然而不敢为。”不随心所欲地“敢为”，不脱离实际地“妄为”，不主观臆断地“乱为”，而是达到“致虚极，守静笃”的境界，虚静以待，随顺变化，无执之为，按照人和事物的自然本性和规律趋势顺势而为。“是以圣人无为，故无败；无执，故无失。”由于“因其固然”“依乎天理”，且意识清静、虚无而不固执，因此能对任何事情做出恰当反应，故任何事情都能顺其自然，自然也就“常无为而无不为”。

“君道无为，臣道有为。”《吕氏春秋》有言：“夫君也者，处虚素服而无智，故能使众智也。智反无能，故能使众能也。能执无为，故能使众为也。无智无能无为，此君之所执也。人主之所惑者则不然。以其智强智，以其能强能，以其为强为。此处人臣之职也。处人臣之职，而欲无壅塞，虽舜不能为。”通乎君道者非常善于无事、无能、无为。因为“君主”无事，所以众人才有事做，有事做则有智慧；因为“君主”无能，所以众人才有才能；因为“君主”无为，所以众人皆有所为。看似糊涂，实则是大智慧，看似无能无为，实则成就大事，这才是做管理者所应该掌握的方法。

而糊涂的管理者却不是这样做的，他们总是凭借自己的智慧去战胜别人的智慧，凭借自己的才能逞强于他人的才能，凭借自己去做事来显示自己比别人做事能力强，这样的行为本应是为臣者之所为，如此“君臣”职能倒置、行为颠倒，这样的“君主”必然处处闭目塞听，即使是舜在世也是无能为力的。

所以说，管理者要切忌“自智而愚人，自巧而拙人”！管理者越是显示自己的才智，被管理者越显得愚笨无知，管理者越是显示自己的灵巧，被管理者越显得笨拙无能。不仅如此，当管理者自智自巧的时候，“则愚拙者请矣，巧智者诏矣。诏多则请者愈多矣，请者愈多，且无不请也。主虽巧智，未无不知也。以未无不知，应无不请，其道固穷。为人主而数穷於其下，将何以君人乎”？因为管理者自智自巧，所以愚蠢笨拙的下属就会多多请求指示，灵巧聪明的管理者就要频频发布指示。发布的指示越多，那么请求指示的就越多；请求指示的越多，就将无事不请求、无事不指示，这种状况正好与“为无为，事无事”相反，越为越事儿，越事儿越为，不仅使得下属有机会逃避自己的职责，而且无法集思广益、博采众长，无法集众之智、群策群力，更会造成管理者事必躬亲、穷于应付的“独角戏”局面。不仅如此，一个管理者即使再怎么灵巧聪明，也不可能做到无所不知、无所不晓。做不到无所不知、无所不晓，却来应付无所不请，道术必定会穷尽。当一个管理者经常被下属弄得道术穷尽，被人质疑领导能力之时，又该如何继续实施领导管理呢？

无为而无不为，无治而无不治，方能实现长治久安。当管理者进入“无为”的境界，“无不为”就已经被安排在前路之上。文子说：“是以圣人内修其本，而不外饰其末，历其精神，偃其知见，故漠然无为而无不为也，无治而无不治也。所谓无为者，不先物为也；无治者，不易自然也；无不治者，因物之相然也。”道是无为的，却又是无不为的。管理是无治的，却又是无不治的。

“无为”便是无事。“取天下常以无事，及其有事，不足以取天下。”前期管理得越多，后期管理难度就越大；前期的检查和要求越琐碎细致，后期的管理就越错综复杂；前期的奖励惩罚越重，人们就越容易投机取巧、偷奸耍滑、奔走钻营。

人常说“天下本无事，但庸人扰之耳”。很多事情多说无益，多管也无益；少折腾，多静心；不铺大摊子，多做实在事；少一些浮躁多变，少一些名利引诱，多一些沉淀积累，多一些踏实朴素，才是良好的管理常态。管理上应少一些所谓的成功学，少一些所谓的成功案例，少一些所谓的成功典范，让社会风气多一些实实在在、本本分分、安安稳稳，以见素抱朴、少私寡欲之心虚静以待“万物自化”，这才是管理之正道。如果某些所谓的成功只是加剧了社会风气的急功近利和乌烟瘴气，那这样的成功还是越少越好；如果某些所谓的失败能让大家尊重脚踏实地和长期主义，那多一些这样的失败反而更好。

在家庭教育和学校教育中亦是如此的管理道理。作为家长、师者，不是要用自己的全知全能处理一切事务，不是自见、自是、自伐、自矜，而是无言、无事、无欲、无为、无功。不是大包大揽，不是越俎代庖，不是控制干预，不是扰乱限制，不是事事给出意见，不是处处给出答案，不是急于回应，不是说教训诫，不是凭主观意志发号施令，而是善于使用不言之教、以身作则、朴素无华、坚韧洒脱、顺时应势、春风化雨的方式来管理。管理者要善于启发、提问、反问、引导、引领，潜移默化启动大家自我管理、自我学习，直至“功成事遂”而被管理者不知不觉，皆谓“我自然”，这才是教育管理的真谛。

第二，正心是无分别心。

道即不二，“不二，万物一也”。“已识乾坤大，犹怜草木青”，面对大“乾坤”，能感受到自然万物与“我”本为一体，故能敬乾坤而心生爱；面对小“草木”能感受到“天地不仁，以万物为刍狗”，故亦能有情于草木。当没有了“分别心”后，“乾坤”“草木”皆“与我同一”，成为与自身相谐的一部分，这就是没有分别心之“不二”的包容力与感化力。

“乾坤”“草木”尚且能“敬爱”，何愁“人事之治”。这种“不二”境界的基础，是足够的“空性”和“虚静”，是“化”妄念邪念、“空”小性私心。只有化去自身的偏见与私欲，让身心如虚空般通透，才能容生命状态各异的一草一木、一人一事；有了足够坚定强大的正气支撑，才能有力量而无条件地爱天地万物。

人与人之间并非不同，我们都活在同样的法则之下。在细枝末节上，我们有微小的差别，但这差别只是带来了多样性、丰富性，带来了各美其美、美美与共的生态。从本源和根本上说，“万物有灵”，我们是同一自然的一部分，从根上是没有区别的。从灵性上也是一体的，我们的肉体之间有区隔，但在灵性上，众生彼此皆有感应，皆为一体。

第三，“正心”是唤醒自主心。

正心唤醒本有的自主意识，唤醒高度的自主性，发挥自身自觉自愿的力量。

意变则行变，心正则行正。《庄子》说：“抱神以静，形将自正。”人的主观世界的活动内容，也是一种客观性的存在。主观世界的意识、念头、心性也是一种客观性物质，通过意识活动可以驾驭形体的变化，通过意识活动也可以统御行为的变化。精神中有物质，物质中有精神。主观中有客观，客观中有主观。在心性的意识世界下功夫，才能形神合一、言行一致。

人是形神合一的混元体，人精神主宰形气的能力越强，人的自主性就越强，把握命运的能力也越强。人的一切活动由自身和环境相互作用构成，在这个过程中，意识越清明越光明，人对环境的认知和驾驭能力就越强，生活的盲目性就越低，处理问题的方法也越大道至简。

第四，“正心”是同理心。

陆九渊提出“心即理”的命题，断言天理、人理、物理只在吾心中，心是唯一实在，“千万世之前，有圣人出焉，同此心同此理也；千万世之后，有圣人出焉，同此心同此理也”。人同此心，心同此理。古往今来，概莫能外。“宇宙便是吾心，吾心即是宇宙。东海有圣人出焉，此心同也，此理同也。西海有圣人出焉，此心同也，此理同也。千百世之上至千百世之下，有圣人出焉，此心此理，亦莫不同也。”

正心即达宇宙，正心就是正确的心，正确的心即正确的观念，正确的观念由谁而定？终究要靠每个人内在之心的筛选和认定，“理”的普遍必然性也必须通过自己的“心”来验证。只不过太多人的心被各种懒散怠惰或贪欲野心所遮蔽，与本心固有的“良知”

渐行渐远。只有通过修心炼性时时勤拂拭“心”上的污尘障蔽，才能让天理“良心”彰显，即实现“致良知”。

“君子求己，小人求人”“君子无德怨自修，小人有过怨他人”。人要用同理心来正自己的心，方便又快捷。人是宇宙进化中的万物之灵，但人尚须进一步地完善，这种完善就在于对己心的改过与迁善，是对向善自觉性的主动追求和改善。通过心念意识的内求，变局部思维为整体思维，以整体思维认知和变革自身，进而影响他人和环境，自内向外地循环，最终完成一个内外合一完整的圆，此时心之所及即宇宙。

第五，正心即为正心田。

“谁知不染性，一片好心田”“有人问我修行法，只种心田养此身”。正心，“可洗机巧心，可荡尘垢肠”。正心得道，有道则能驭物，有道才能“庶几全其乐而远其病也”。反之则被物所驭，颠倒错谬，生病发狂，乃至贻害他人。

《了凡四训》中讲：“何谓从心而改？过有千端，惟心所造；吾心不动，过安从生？学者于好色，好名，好货，好怒，种种诸过，不必逐类寻求；但当一心为善，正念现前，邪念自然污染不上。如太阳当空，魍魉潜消，此精一之真传也。过由心造，亦由心改，如斩毒树，直断其根，奚必枝枝而伐，叶叶而摘哉？”心上多动正念，多提正气，就能习惯成自然，培植一片好心田。心念有毒，犹如堆积垃圾，必生细菌招蚊虫，与其忙于杀菌消毒、杀虫赶蚊，不如及时清理垃圾。清除垃圾的行为，包括放下自己的物欲，离开影响自己的外境，用好习惯代替掉坏习惯，等等，如此，种种过错既由心造，亦由心改。

第六，正心即平心虚己。

荀子《解蔽》说：“人何以知道？曰：心。心何以知？曰：虚壹而静。”人是凭借什么来知晓道理的呢？答案是：凭的是心。心又是凭借什么来知晓道理的呢？答案是：当内心可以做到虚壹而静和制心一处之时就可以知道。现代人往往过于关注攀比和虚荣，却忽视了内心的平静。人应该在一切外境之中，“但行好事，莫问前程”“尽人事，听天命”，无论何时何地，让自己的内心始终保持平静，不被外界所影响，这才是一个人所能拥有的最大财富。

平心虚己不是压抑忍耐自己，也不是忍辱负重，更不是懦弱认怂，而是内心常如“空船”“虚舟”一般宁静。《庄子》中讲过这样一个故事：“方舟而济于河，有虚船来触舟，虽有惼心之人不怒。有一人在其上，则呼张歙之。一呼而不闻，再呼而不闻，于是三呼邪，则必以恶声随之。向也不怒而今也怒，向也虚而今也实。人能虚己以游世，其孰能害之！”有一方舟在渡河前进，突然有一条空船撞了上来，即使是脾气暴躁的人也不会发怒。但凡船上有一个人，方舟上的人就会对着撞来的船大声呼喊，如果喊一次没听见，喊两次还没听见，喊第三次的时候必定会恶语相向。刚才不发脾气现在却怒火中烧，只不过因为刚才是空船，而现在船上有人。看来，一个人是否生气，并不取决于他所受到的伤害大小，而是取决于撞来的船上是否有人。当一个人把一切困难和坎坷都当作“空船”时，又怎会有纷争和闲气呢？换言之，倘若一个人能“虚化外物”，以“虚己之心”游于世间，又有什么能伤害到他呢！一个人只要平心静气、虚己应物，所有的痛苦和烦恼便无所依存。否则，必定会给自己或他人招致纷争闲气，乃至无妄之灾。

第七，正心管理即练习心念常存善意和祝福。

“念念不忘，必有回响”“念兹在兹，此心不越”“一念之差，各里而迁。惟当自修，以反厥初”……人只要心念一动，就容易引发行动。心念犹如种子，只要是种子，待机缘成熟之时，终究会发芽。贪婪、傲慢、敌对、计较、责备、怨恨的心念，必然引发躁心、傲心、妒心、吝心、怠心、忿心等的反应；慷慨、宽容、谦逊、仁慈、知足的心念，必然引发分享、友善、关爱、奉献、节俭等的回应。心念是因，具体行为就是种子发芽长大后结出的果；心念是作用力，其产生的结果就是对自身的反作用力。

我们所看到的外在的一切，皆为我们内心世界的呈现。只要念念不忘，万事万物必有回响。当我们用意识去观测物质时，我们可以与它建立一种量子纠缠关系，换句话说，心念就是量子纠缠，有着善恶属性的心念一旦发出，必然与参与对象形成纠缠态，从而产生反馈机制，最终随着时间的推移对自身当下和未来造成相应影响。所以人要对自己的起心动念时时观察、处处觉知。

心念看起来是由外在刺激引发，其实心念对应的永远是自己的内心。别人和外境都只是确认自己内心是否存有妄念偏见的缘起。要时时舍弃自己批判、掌控、分别的妄念和偏见。妄念和偏见从来与别人无关，只与自己内心有关。批判别人就是不接受自己，掌控别人就是压制自己，歧视别人就是分裂自己。

心念也是要练习的，练习让自己的心念常存对他人的善意和祝福。善念有善报，心存对他人的善意和祝福，不是善待别人，而是善待自己。“人为善，福虽未至，祸已远离；人为恶，祸虽未至，福已远离。”“当你希望别人好，别人未必好，但是你肯定会好，因为你内心美好；你见不得别人好，别人未必不好，但你肯定不好，因为你内心不美好。”

一个优秀的管理者注重的是自己内在心念的善意和平和，以及在人、事、物资源的安排上能否经得起道德的考量，同时，他们也会关注自己的心念是否始终遵守自己信奉的道德原则，而不是过度关注他人的反应和反馈。关注自己的心念，使之常存善意和祝福，是一个优秀管理者必备的自我修养。

2. 化性管理：去习性、化禀性、圆满天性

《荀子·性恶》中说：“不可学，不可事，而在人者，谓之性；可学而能，可事而成之在人者，谓之伪。是性伪之分也。”“故圣人化性而起伪，伪起而生礼义，礼义生而制法度。然则礼义法度者，是圣人之所生也。故圣人之所以同于众，其不异于众者，性也；所以异而过众者，伪也。”圣人能够“化性而起伪”，将自己本性中的恶转化为后天的善和德行，后天的善和德行兴起，就会产生礼义，礼义产生，而后法度就得以制定。这样的社会就能树立起对道德、礼法、法度的认同和遵守，从而成为良好的人类社会。道德礼义法度是圣人所创制。圣人跟众人相同的地方是先天的本性；圣人和众人不同而又超过众人的地方，是后天的人为努力。这个后天的人为努力，使得圣人能够“化”掉自己的性而“灭人欲存天理”。这个化性而起伪的过程，需要不断修正自己的缺点、改正自己的不足，始终升华自己、超越自己。

第一，化性，重在“化”。

“化”是使用“不扰”的内在“化力”，而非强制的外力。任何作用力都会有一个反作用力，人都不喜欢被控制、被管教、被掌控，越是被人管，越是不服气，越是在明里暗里出现逆反行为和抵触情绪。即使是自己管自己，也是一样的情况，越压抑自己就越难控制自己，越强制自己和批判自己就越容易“破功”。哪里有压迫，哪里就有反抗，被压迫的力量总是基于害怕失去、害怕惩罚的紧张状态，这是对生命能量的损耗，所以无法持久。正所谓“飘风不终朝，骤雨不终日”。如果不是基于恐惧害怕，而是基于对美好之事发生的期待，基于自己的心甘情愿、自觉自愿、自动自发，一切美好就能在不知不觉中发生。这种“不打扰”的力量就是“化力”。在中国词典中，“化”字的组词有很多，比如化解、催化、点化、化性起伪、春风化雨、潜移默化、化被万方、化繁为简、化零为整、化腐朽为神奇、化干戈为玉帛、大事化小小事化无等，都在描述这种神奇的不扰之力。

“化力”是柔力，好比“随风潜入夜，润物细无声”“不言之教，无为之益”“以柔克刚”“滴水穿石”“无声胜有声”，让一切自然而然潜移默化地发生。如何使用“化力”？主要依靠以德服人、以心感人，依靠感化、包容和宽恕，依靠尊重、看得起别人，依靠客观公正的态度。

孟子说：“行有不得，反求诸己。”正所谓“弱者从别人身上找原因，找着找着就疯了，强者从自己身上找原因，找着找着就通了”。管理的真谛是“不二”，是无限趋近于“归一”的“化人化己”之路，是言行一，身心一，人己一，物我一。管理所须施加的不是外力、震慑力，而是“不扰”的内在“化力”，以润物无声之“感化”，不知不觉达到“我自然”的自然理想状态。

第二，化性须如其“情理”所是。

如其“情理”所是，即不夹带主观偏见，不妄加评判，不横加谴责，只是按照其情理之中本然的样子来接受它。这样的化性是用情理来“修缮”自己，而不是用自己定义的情理去“修理”别人。

《了凡四训》教导人们从情理上戒怒，而不是“以暴制暴”或“以其人之道还治其人之身”来应对问题。“如前日好怒，必思曰：人有不及，情所宜矜；悖理相干，于我何与？本无可怒者。又思天下无自是之豪杰，亦无尤人之学问；行有不得，皆己之德未修，感未至也。吾悉以自反，则谤毁之来，皆磨炼玉成之地；我将欢然受赐，何怒之有？又闻谤而不怒，虽谗焰薰天，如举火焚空，终将自息；闻谤而怒，虽巧心力辩，如春蚕作茧，自取缠绵；怒不惟无益，且有害也。其馀种种过恶，皆当据理思之。此理既明，过将自止。”遇到对境，努力控制自己的情绪是很难的，而且越控制越会将情绪压抑到潜意识之中。情绪的“大树”看似消失不见，实则情绪的“种子”已深深种下，待其慢慢蓄积，终有一日仍会爆发。遇到对境，还是应该以情理为考量。对于“人有不及”者，从情理上来讲可以理解，毕竟“人非圣贤，孰能无过”，不需要对他人抱有不必要的期待。有的人做事达不到自己的要求，这样的情况也是可以理解的，毕竟自己也有做不到位或者做得不好的时候，所以不应生气；对于“悖理相干”者，不是自己的错，又何必生气。谤毁之来，如果我能闻谤而不怒，诋毁诽谤都是磨砺自身的磨刀石，可以磨炼我的心性，让我臻至玉成之地，我自然应该欢然受赐。而且对于毁谤者而言，我不回应，那毁谤者不过是“举火焚空，终将自息”，所以自己其实没有必要发怒和生气。相反，如果我拼命解释，拼命辩驳，最后反而纠葛不断，且让自己陷入不良情绪之中，岂不是多此一举？以上这些就是如其“理”所是的“化性”，而非要求别人和事物“如己所愿”。对于管理者而言，只有自己先“化性”，先找到自己的定力和智慧，然后才能找到解决问题的最佳办法和路径，否则必然越忙越乱，越乱越忙。

第三，化性是去习性、化秉性、圆满天性。

化性的目的是圆满天性。残缺的人性需要不断升华为圆满的人性，再从人性到达天性。人性中常有习性、秉性之气，习性秉性会让人产生刻板的认知和执念。比如，遇到某类问题时，人们就会认为应该怎样、必须怎样，否则就是错的、坏的，从而产生各种怨恨恼怒烦的情绪，继而使得自己的言行伤人伤己。如果任由习性秉性掌控自己，就是一种人性的退化。圆满的天性，就是让人内心的心性能够转化，甚至能够升华。当心入其境之时，怨气和痛恨来了，能将其转化为悲悯和爱；怒气和悲伤来了，能使自己的内心归于澄澈平静。这样“化性”，才能做自己的主人。

自身完满的德行是自身身心健康的先决条件。“性海澄渟平少浪，心田洒扫净无尘。”唐代诗人苏拯在《医人》中写道：“古人医在心，心正药自真。”俗语也说：“为人莫做亏心事，半夜敲门心不惊。”一旦人心术正了，人整体就正常了，相应的病变就会消失，因为身心是有机统一体，对自己习性进行清醒的检视，恢复圆满的天性，有助于恢复身心健康。

清代王凤仪被誉为心性疗病的发明人，他洞悉心性理疗治病之法，认为“病由心性而生”，治病从治心开始，治心就要“化性”，化性之人“性存天理、心存道理、身尽情理”。如果“性、心、身三界不太平”，人就容易生病，所以做人要擒拿到性心身的三个贼，“一禀性（又名气禀性，指怒、恨、怨、恼、烦），二私欲，三不良嗜好”“要用天理捉拿性中的贼，用道理捉拿心里的贼，用情理捉拿身上的贼”“能忍则性了，知足则心了，勤劳则身了”，化性就是“去习性、化禀性、圆满天性”。“怨恨恼怒烦”的人，脾气越坏、气量越小、心情越差，这样的人越易得病，因为怨伤脾、恨伤心、恼伤肺、怒伤肝、烦伤肾。药仅能治身病，却治不了心病。化掉自己的小性子，人才能逢凶化吉、遇难成祥。所以，正心化性是救治自己的妙药，是保护自己安康幸福的灵丹。做管理者如果自身修为不够，更容易惹出一身的“心病”，殊不知病由心生，病由心灭，求医不如求己，治病宜先治心。

“正心化性”让人正视自己的习气和秉性，把自己的怨气转变为感恩，把自己的负能量转化为正能量，把自己的小人之心转化为君子之心。所谓“君子所存之心，只是爱人敬人之心。盖人有亲疏贵贱，有智愚贤不肖；万品不齐，皆吾同胞，皆吾一体，孰非当敬爱者？爱敬众人，即是爱敬圣贤；能通众人之志，即是通圣贤之志。何者？圣贤之志，本欲斯世斯人，各得其所。吾合爱合敬，而安一世之人，即是为圣贤而安之也”。人之天性是平等的，只不过由于物欲泛滥和无明的扭曲，人的脾气秉性暂时各有迷惑和缺陷，由于妄想执着而暂时不能够证得天性而已。毕竟，孟子说过“人皆可以为尧舜”，佛经亦曰“一切众生皆具如来智慧德相”，就是说只要肯王心化性修身，人人都能够成为尧舜、成为佛。

第四，化性管理是柔缓性格管理。

一个管理者所表现出来的脾气和性格，将限定他的管理能力和职业发展水平。喜怒无常、斤斤计较、得理不饶人，很难时刻保持清醒，更遑论高效地完成任务。抱怨急躁、性格刚烈并不能解决问题，而且因为意气用事、处事冲动、不够冷静，带着情绪解决问题的结果，往往不尽如人意。假如员工犯错，管理者不问原因，不分青红皂白就带着情绪斥责，员工内心必然产生反抗对立情绪，员工不愿真心配合工作，那就完全无助于解决问题。假如管理者能够先平复自己的情绪，问清楚原因，再提处罚方式或改进方法，员工心里也会平稳很多，有助于恢复理智、聚焦问题，处理问题更容易找到关键所在。

人常说，“先解决心情，再解决事情”“心若沉稳，何惧之有”。整理好心情，才有可能创造好的结果。即使没有达到预期，至少也会形成良好的做事逻辑。一个管理者如果能永远不带情绪地面对他人，内心平静地处理问题，耐心积极地处理关系，就能有效地解决问题。

性格柔缓的管理者，无论在工作上还是在生活中，都会让人感觉到一种放松沉静的韵律。这样的管理者会使团队更加有凝聚力，组织也能更加良性地发展。优秀的管理者不是招聘来的，而是培养出来的。重点培养什么呢？就是培养他们走修心炼性这条路。柔缓的性格、平静的内心、客观冷静的态度、遇事坦然的心态、耐心等待的耐力，遇到危局能够在危机中找到生机，遭遇失败能够重整旗鼓，再创辉煌。正如《诫子书》所言：“非淡泊无以明志，非宁静无以致远。夫学须静也，才须学也，非学无以广才，非志无以成学。淫慢则不能励精，险躁则不能治性。年与时驰，意与日去，遂成枯落，多不接世，悲守穷庐，将复何及！”

总之，管理者首先管理的不是别人，而是自己。淡泊明志，宁静致远，管理好自己的性格，调理好自己的情绪，提高自己的品行，是管理的永恒命题。

3. 修身管理：量力而行、有节有度

第一，修身，要修出健康的体魄和充足的精气神。

“身体是革命的本钱”，健康的体魄是追求其他目标的基础和前提。《黄帝内经》有修身真谛：“法于阴阳，和于术数，食饮有节，起居有常，不妄作劳，故能形与神俱，而尽终其天年，度百岁乃去。”

人身变化与阴阳四时变化密切相关，比如人身与月亮之盈亏、人身与太阳之起落等都密切关联。人要遵循阴阳四时的常法和自然规律，春夏秋冬，春夏温暖，秋冬寒凉，一阳一阴。春生夏长为阳，秋收冬藏为阴，春夏生长，秋冬收藏。对应于人，则要“春夏养阳，秋冬养阴，以从其根”，对应人生的哲理则是要做到先耕耘后收获，一分耕耘一分收获。同时，人要适时而动，择机而行，既要奋斗努力，又要休养生息，不能让身体过于疲劳透支，也不能让身体过于安逸怠惰。

人的作息起居与自然界的四季昼夜一样，都有常法和规律。想拥有健康的体魄和充足的精气神，就要遵循天地与人身体机制相互联系的本然规律来生活。“日出而作，日落而息”，与天地自然保持一致。过于懈怠，会精神萎靡；过度疲劳，会消耗早竭。

一切均有分寸，需要懂得适可而止、有节有度。

所谓“食饮有节，起居有常”，就是饮食要节制，作息要规律。不仅在食色和作息上要如此，在各种兴趣和爱好上，也要做到有效克制和约束自己的贪心杂欲，不贪得无厌、不得陇望蜀。《道德经》有言：“祸莫大于不知足；咎莫大于欲得。故知足之足，常足矣。”“知足不辱，知止不殆，可以长久。”

劳作上，不妄作劳，不为“五劳所伤”，“久视伤血、久卧伤气、久坐伤肉、久立伤骨、久行伤筋”。人应该动静结合，劳逸结合，做任何事情都应该有所节制。精气神上，神静则能对抗衰老、延年益寿。神气清静内守，不躁动妄耗，能主动调摄神志，保持神气清静，护持健康。正如《黄帝内经》所说：“故智者之养生也，必顺四时而适寒暑，和喜怒而安居处，节阴阳而调刚柔。如是，则僻邪不至，长生久视。”

修身是“顺应自然、形神共养”，要兼顾身体和精神、外在和内在。对于外在身体和内在精神都需要根据自身条件及各种具体情况，选择适合自己的修身之法。修身之君子：“黄中通理，正位居体，美在其中，而畅于四支，发于事业，美之至也！”就是说，君子喜穿黄裳，内中安静祥和，通达事理，自身中正，处事得体，当行则行，当止则止，自我完善。修身的君子外在美和内在美合一，内外之美积聚在一起可周流四体，从而使君子的身心、家庭、事业都达到圆满融通的境界。

概而言之，修身的智慧其实深藏着治国安邦的智慧。《道德经》有“故贵以身为天下者，若可寄天下；爱以身为天下者，若可托天下”之说。《黄帝内经》有“上以治民，下以治身，使百姓无病，上下和亲，德泽下流，子孙无忧，传于后世”的论述。意思是将修身的意义扩大到民众、国家、后代的休养生息中。《列子》言：“楚庄王问詹何曰：‘治国奈何？’……詹何对曰：‘臣未尝闻身治而国乱者也，又未尝闻身乱而国治者也。故本在身，不敢对以末。’楚王曰：‘善。’”身是本，治身为治国之本。身乱则国乱，身治则国治。《吕氏春秋》也有“夫治身与治国，一理之术也”的观点。

治身与治国通用“一理之术”，所谓“身国同构”“身国同治”，修身之道与管理之道相通！《政论》一书中如此论述治身与理国思想：“盖为国之法，有似理身。平则致养，疾则攻焉。夫刑罚者，治乱之药石也；德教者，兴平之粱肉也。夫以德教除残，是以粱肉理疾也；以刑罚理平，是以药石供养也。”治理国家之法犹如调养身体。身体平和之时重在用食物“养”，如同安定社会只需要用德教治理；而身体有病之时则重在用药石“攻”，如同乱世社会需要用刑罚来治病。德教无法治乱，刑罚无法安定社会，如果弄颠倒了，便既治不好身，也理不好国。

第二，修身是勤劳节俭的学问。

勤劳节俭是我们中华民族传统美德之一。“天行健，君子以自强不息”“天道酬勤”。勤奋、勤勉、勤劳的人，上天自会给予眷顾和奖励。“勤能补拙”“少壮不努力，老大徒伤悲”“业精于勤荒于嬉”。即使能力不足，也可以通过勤劳奋斗来弥补能力上的劣势。年轻的时候不努力，到了老年就只剩慨叹和后悔了。

“凡不能俭于己者，必妄取于人。”曾国藩有四句修身教诲：“慎独则心安，主敬则身强，求仁则人悦，习劳则神钦。”关于习劳这一条的阐释既包含了勤劳也包含了节俭的思想：“人一日所着之衣所进之食，与日所行之事所用之力相称，则旁人韪之，鬼神许之，以为彼自食其力也。若农夫织妇终岁勤动，以成数石之粟数尺之布，而富贵之家终岁逸乐，不营一业，而食必珍馐，衣必锦绣，酣豢高眠，一呼百诺，此天下最不平之事，神鬼所不许也，其能久乎？古之圣君贤相，盖无时不以勤劳自励。为一身计，则必操习技艺，磨练筋骨，困知勉行，操心危虑，而后可以增智慧而长见识。为天下计，则必己饥己溺，一夫不获，引为余辜。大禹、墨子皆极俭以奉身而极勤以救民。勤则寿，逸则夭，勤则有材而见用，逸则无劳而见弃；勤则博济斯民而神祇钦仰，逸则无补于人而神鬼不歆。”

上面这段话的意思是说，习于劳苦的人，连鬼神都会敬重。如果一个人每天穿的衣服、所吃的饮食，与他每天所做的事、所出的力相称，则旁人会赞同他，鬼神也会加以称许。做人就要自食其力、自力更生。倘若农夫织妇终年勤勤恳恳，收获数石之粟，织成数尺之布，富贵人家终日安逸享乐，不做一事，而食必佳肴美味，穿必锦衣绣袍，高枕而眠，一呼百应，这是天下最不幸的事，鬼神都不赞同，这样的事又怎么能长久呢？古代的圣君贤相，无时无刻不以勤劳自勉。勤劳是为自己打算，一个人必须操习技艺，磨炼筋骨，在困境中奋力前行，殚精竭虑，而后才可以增智慧长见识、有所建树。勤劳也是为天下人打算，自己曾经经历饥渴，陷于水火之中，就明白只要有一个人不劳而获，就是对他人犯下罪过。大禹、墨子极其勤俭，把自己节省出来的都用来拯救百姓。勤勉能使人长寿，安逸会使人夭亡；勤勉则人尽其才，安逸则无劳见弃；勤勉能广济百姓，而神灵也会敬仰，安逸则一无是处，连鬼神也不喜欢。

第三，修身是量力而行、适可而止的学问。

我们常说的口头禅“差不多”“差不多就行了”，反映的其实就是一种不走极端、量时度力、凡事不勉强、凡事留有余地的处世智慧。《易经》说“天道忌满，人道忌全”，没有十全十美的事，也没有十全十美的人，做事对人要“尽人事”，但最终还是要“听天命”，过程中要尽心尽力，对结果则无须太过计较。

对待他人则“势不可使尽，福不可享尽，便宜不可占尽，聪明不可用尽”“人前留一线，日后好相见”。如果说话做事一点余地也不留，往往会把人逼上绝路，也会使自己无路可退。留些余地、留条后路，既是给别人，也是给自己。“留有余，不尽之巧以还造化；留有余，不尽之禄以还朝廷；留有余，不尽之财以还百姓；留有余，不尽之福以还子孙。”这种“留余”文化正是与“损有余而补不足”的天道相合。人在物质层面要保持适度，不追求大富大贵，追求“小富即安”；在为人处世方面不执着于名誉声望，甘于“损己利人”；在精神层面则提倡“拙诚”，以质朴无华之心诚意待人。

在管理上，要量力而为、适可而止，不要用完美主义来苛责自己，也不用求全责备来苛责别人，对待各种不如意要能够释然，对待做不到的事情要能够不勉强，这样的管理者才是懂得通权达变、求真务实的人。

第四，修身管理是良好习惯的管理。

人“性相近”，但“习相远”。经常练习有助于修心炼性的

“习”，使之成为习惯，然后“习惯成自然”，方能达到修心炼性的目的。

“少成若天性，习惯如自然。”从小养成好习惯，长大后就会变成一个人的天性和本能。如果不慎养成了坏习惯，之后就很难改过来了。对于一个管理者而言，好习惯有助于形成个人良好的行为模式和价值观，有助于更好地端正自己的管理态度和思想认知。

人要养成勤俭节约、乐观奋斗的人生态度。《家范》中劝诫子孙，靠自己勤劳奋斗才是谋生之道：“夫生生之资，固人所不能无，然勿求多余，多余希不为累矣。使其子孙果贤耶，岂蔬粝布褐不能自营，至死于道路乎？若其不贤耶，虽积金满堂，奚益哉？多藏以遗子孙，吾见其愚之甚也。然则贤圣皆不顾子孙之匮乏耶？曰：何为其然也？昔者圣人遗子孙以德以礼，贤人遗子孙以廉以俭。”还有“勤学如春起之苗，不见其增，日有所长；辍学如磨刀之石，不见其损，日有所亏”。除了勤劳、乐观奋斗，还要节俭节约。《菜根谭》有云：“奢者富而不足，何如俭者贫而有余。”

养成日日学习、日有所进的学习习惯。管子说：“海不辞水，故能成其大；山不辞土石，故能成其高；明主不厌人，故能成其众；士不厌学，故能成其圣。”荀子说：“积土成山，风雨兴焉；积水成渊，蛟龙生焉；积善成德，而神明自得，圣心备焉。故不积跬步，无以至千里；不积小流，无以成江海。骐骥一跃，不能十步；驽马十驾，功在不舍。”“日有所进，月有所变，终有所成。”每天进步一点，也能带给未来巨大的飞跃。

养成独立自主、自律自爱、不依赖、不期待的价值观。“人必其自爱也，而后人爱诸；人必其自敬也，而后人敬诸。”独立自主、自律自爱是一种人生财富，它能够让我们更加富有和自由。不依赖、不期待是一个人应该拥有的处世原则和人生态度，不逢迎、不傲慢，才能拥有“独立之精神，自由之思想”。

养成乐善好施、助人为乐的人生观。当我们学会自得其乐，并且能够助人为乐之时，自己也能获得快乐和幸福。帮助别人，就是帮助自己。让别人快乐，就是让自己快乐。如果自私自利，只为自己而活，必然无法收获幸福和快乐的人生。

养成礼仪礼貌及卫生的生活习惯。交往上学会赞美，学会倾听；沟通上表达尊重，不轻蔑他人，也不贬低自己；穿着上干净得体、落落大方，“君子正其衣冠，尊其瞻视，俨然人望而畏之，斯不亦威而不猛乎”。

知识和技术的学习，只要有需要，就可以随时开始，需要什么就学习什么，而为人处世的态度和品行，则需要从最基础的良好习惯管理开始。坏习惯一旦固定下来，就会形成惯性的思维模式和行为方式，要想改变需要付出很大的努力和意志力。而好的习惯一旦养成，也会沉淀和积累为一种思想的深度和行为的模式，决定一个人长久的工作效率和生活质量，进而影响一生的幸福与成功。

总而言之，讲管理，必须讲修身。修身包括爱惜自己的身体不“妄作劳”，勤劳节俭“则神钦”，同时也包括情绪和心理上的有节有度，言语行为上的适可而止，关系处理上的“留有余地”，以及良好习惯的管理，这些都是一个好的管理者必备的基本修身素养。修身修好了方能正心，正心方能化性，化性意味着改变自己，只有改变了自己的人，才有影响力去改变他人。

正心化性修身思想在管理中的应用精髓始终是：一切从管理自我开始，一切也以管理好自我结束。能够成为好的管理者的人，一般都是在反求诸己、反躬自省等修心炼性方面做得比大多数人好的人。

对普通人而言，修心炼性是与自己做斗争，是修正自己的过程，所以也不是急于一时的事情。但对管理者而言，修心炼性则是必修课。如果连自己都管理不好，又遑论管理别人呢？而一个有管理能力的人，是性心身太平的人。“性存天理，心存情理，身尽道理，才能返本归根。”化性之人，心存天理，所以不争不怨，肯吃亏，这样的人有“福”；正心之人，心存情理，所以不贪不躁，肯找自己的问题，所以有“禄”；修身之人，身尽道理，所以不懒不骄，肯吃苦肯受累，所以有“寿”。

管理者无论大小，修心炼性不仅是为了自己明理入道。当自己明理入道之后，要尽可能把“道理”不断扩大到更广阔的领域，影响更多的人。一个管理者能够影响多少人修心性，也就意味着他能够管理多少人。能够做自己心地的管理人，才能做自己的主人，即修身然后才能齐家，齐家然后才能治国，治国然后才能平天下。

第四章　中国式教育管理：为善为公为安

一、中国式管理：管理为善

道家说："善者，吾善之；不善者，吾亦善之；德善。信者，吾信之；不信者，吾亦信之；德信。""圣人不积，既以为人己愈有，既以与人己愈多。"儒家说："爱人者人恒爱之，敬人者人恒敬之。""己欲立而立人，己欲达而达人。""其恕乎！己所不欲，勿施于人。""躬自厚而薄责于人，则远怨矣。"墨家说："兼相爱交相利。"道家、儒家、墨家都在教我们同一个道理，与人为善。上善若水的上善，是毫不利己专门利人；中善，是利己的事情一定要利人，否则就不做；下善，是利己的事情至少绝对不能害人。

1. 管理为善之"德"自觉：价格哲学与价值哲学之辩

管理学，西方偏于将其视为一门关于管理的科学。东方偏于将其看作一门关于管理的艺术。西方偏于认为管理是客观存在的真，东方偏于认为它是主观反映的善。

西方走的是从物质到文化的发展道路，主张理性主义和实证主义，擅长对有形存在进行探索和改造。把人作为客观事实（用物之理）来对待，把管理也作为客观事物而“科学化”地对待（标准化、定量化）。

古圣先贤重视人与人之间的关系、人与社会之间的关系。然而，关系是复杂的，其中存在着许多难以言明的心态、动机、情感、情绪、机遇、运势及诸多未知因素，无法完全“科学化”。比如，儒家主张人要“尽人事，听天命”，其含义是对于人做事而言，有些是人力可为的，有些则是人力不可为的；有些是理性的，有些是感性的；有些是客观的，有些是主观的；有些是机械本能的反应，有些是自主自觉的意识；有些是主观可控的，有些则是主观不可控的。

社会学家费孝通说：“传统的中国并不走‘科学化’这条路。早期的中国是从人本主义出发，并不把人作为客观对象去研究。”也就是说，中国走的是从精神到文化的发展道路，中国人不太容易把人当成物、工具或者资本来看待，而是更倾向于把人当人。虽然真理可能掌握在少数人手中，但道德一定存在于大多数人心中。所以中国传统文化中处处都把人的意识觉醒、道德自觉精神放在第一位来看待。这也是孔子说“我欲仁，斯仁至矣”“为仁由己，而由人乎哉”，以及孟子说“人皆可以为尧舜”的原因。

管理毕竟不是一种自然现象，也不是经济现象，而是人类特有的社会现象。既然是人与人组成的社会，自然应当有文化精神、有精神信仰、有人文关怀。如果人是自然科学的，那么可以用本能需要、物质需要、法律刑罚制度来引导。但如果把人当作有文化精神、有道德自觉的人，那么就应该以精神文化来引导，以伦理道德来引导，以礼义仁爱来引导。这两种对待人的方式的优劣，可以借用老艺术家游本昌的话来说明：“让人活在财之上是财主，让人活在财之下是财奴。”引申一下就是：让人活在本能之下是动物，让人活在本能之上才是人；让人活在制度之下是奴隶，让人活在制度之上是主人。

孔子说：“道之以政，齐之以刑，民免而无耻。道之以德，齐之以礼，有耻且格。”就是说，用政令来引导民众，用刑罚来整顿民众，民众只会让自己免于刑罚，却有了争讼之心，他们必然会抛弃礼义仁爱，为了毫末之利而争执不休，毫无羞耻之心；而用道德去引导百姓，用礼义来教化民众，百姓不仅有礼义廉耻之心，而且具有道德自觉性，能够自动自发匡正自己的错误，这样社会自然能够长治久安。

法治制度、规定、法令、奖惩制度等虽有其积极意义，但必须居于辅助地位。客观的制度如果不内化为主观意愿，那么再精明、再算计、再完备的制度也是无用的。只有内化于心的、自发自动的道德礼仪、忠孝仁义、情感情谊，才是有百利而无一害的。一言以蔽之，人的贪欲、组织的目标，都应该导向高尚的目的和高尚的路径。

对于西方的管理哲学而言，管理是一套“价格哲学”，它偏重组织目标的实现、效率效能效益的达成，所有的一切都是有价码的。

而对于中国而言，管理哲学就是管理的价值哲学。中国的管理哲学则致力于建立一套引导整个管理过程的价值体系。

中国式管理要以发扬人类最高文化，表现人类最高道德为己任，不能把自己局限于利润绩效、效率效能的达成，否则徒然贬低了人存在的价值与意义。

中国管理哲学的这套价值系统包括两部分："守正以持经"的管理之道和"权宜以达变"的管理之术。首先是管理之道，它指的是管理的最终目的，这部分是"持经"不变的"经"。举例来说，这个不变的"经"是"爱国爱民爱家爱乡""经世济民孜孜以求""固本兴新长治久安""众志成城万众一心""自强不息厚德载物""修己安人成人达己"等，这些核心价值是我们管理学科学术永恒追求的主题，也是我们管理哲学的恒久底色，更是流淌在中华儿女血液里的精神基因。

其次是管理之术，它包含术的价值排序及"无过无不及"之平衡。管理之术是"达变"之"变"。比如，先礼与后兵结合的合理点、虚与实结合的合理点、刚与柔结合的合理点、恩与威结合的合理点、常与变结合的合理点、远与近结合的合理点、分与合结合的合理点、方与圆结合的合理点、宽与严结合的合理点、明与暗结合的合理点、求同与存异结合的合理点等。

从某种角度上说，管理的终极目的是让每个人都有道德自觉，有了道德自觉，管理就达到了管理之道。管理的过程在于致力于建立一套价值系统，一套共生共荣的"共生体系"，一套"一荣俱荣，一损俱损"生命共同体的"共生体系"，并且建立这套共生体系的一套大家公认的"共识系统"。对于组织而言，就是建立组织员工的共识系统和共生体系；对于国家管理而言，就是建立国民的共识系统和共生体系。

我们人类作为高等动物，如果个人主义、种族主义、人类中心主义过度膨胀，相互排斥、相互提防，将很难实现永续共存。只有当我们达成集体共识，一同构建大社会共生体系、宇宙共生体系，整个“大社会”“大宇宙”才能生生不息、延绵不绝。所以，从某种意义上说，管理之善在于人类内部的和平，以及人类作为三才之一，参赞天地之化育，实现天下大同。

2. 管理为善之“义”自发：合于法与合于义之辩

如果说管理是“管事理人”，那么西方更善于“管事”，比如钱、物、设备、方法（Money、Material、Machine、Method）等。如果管理重在管事，就容易出现重事轻人、认事不认人、认法不认人的情况。

而东方则更善于“理人”，比如人力、观念、情绪、士气、道德修养（Manpower、Concept、Mood、Morale、Morality）等。如果管理重在管人的话，就会以“以义理人”为重。孟子认为“人之所以异于禽兽者几希”“唯义所在”。合于义管事，合于义理人。何者当为，何者不当为，何者当变，何者不当变，取决于是否合于义。

事实上，以义理人比以法管事更为重要。因为无论多么先进的设备都需要人来设计、建造和使用、维护，无论多么优化的流程都需要人来具体规划和实施，无论多么好的制度和规定，最终都需要人凭着良心、讲道理来执行和操作。

相比合于法，合于义才是管理的根本。合于义要引领合于法，而合于法只是辅助和支持合于义。

如果过多地使用规定制度，或者总是频繁地修改规定制度，容易让人觉得是在用看似合法的规定制度来约束、控制和榨取人。中国向来有“守正以持经，权宜以达变”的祖训，义理是不变的，规定制度以义理为准绳，因时因地因境适当有所调整即可，不可将之作为管理人的核心内容。管理合于义比管理合于法要高一个层次，合于义的管理需要更高的管理智慧。

与人道，要合于义。中国人向来对忠肝义胆的人物冠以英雄的称谓，这说明中国人在精神上对仁义、忠义、仗义之士有着非常深刻的认同。“公生明廉生威”的包拯，铁面无私，廉洁公正；“降汉不降曹”的关羽，忠义仁勇，赤胆忠心；“出师未捷身先死，长使英雄泪满襟”的诸葛亮，鞠躬尽瘁，死而后已；“先天下之忧而忧，后天下之乐而乐”的范仲淹，忧国忧民，铮铮铁骨；“路漫漫其修远兮，吾将上下而求索”的屈原，忠君忧民，情怀高洁；“三十功名尘与土，八千里路云和月”的岳飞，精忠报国，铁血丹心；“人生自古谁无死，留取丹心照汗青”的文天祥，宁死不屈，视死如归；“封侯非我意，但愿海波平”的戚继光，抵御外侮，满腔热血；“苟利国家生死以，岂因祸福避趋之”的林则徐，心系天下，大公无私。

对普通人而言，合于义也是我们最基本的道德修养。对于军人而言，忠义是守卫国土；对于法官而言，忠义是公正决断；对于警察而言，忠义是维护正义；对于工人而言，忠义是制造优质产品；对于农民而言，忠义是生产健康农产品；对于商人而言，忠义是维护诚信经营环境；对于文艺工作者而言，忠义是创作传播道德精神的种子；对于教师而言，忠义是立德树人和育人成才；对于千千万万的普通人而言，忠义是不给社会添乱和不给社会添堵。

可以说，中国式管理包括中国式教育管理，家庭教育、学校教育、社会教育都要合于义。管理的动机、过程、手段和结果都要合于义。合于义就是管理行为出于公心，符合公义，手段正当，结果利于他人。如果管理行为出于私心，包藏私利，手段不正当，结果有利于自己，则绝非合于义。

于人道，要合于义，于天道，也要合于义。管理其实是将“合于义的义理”不断深入理解，并将之从人类社会应用扩展到天下的过程。在对待自然方面，人作为天地人三才之一，应该“天人合一”，人应善尽参与天地化育万物之责任，弥补天地化育之不足，不留任何天地良心之缺憾。这个世界不只是属于人类社会的，它更是属于天下的，对大自然、对天下每个生命的动机和行为都要合于义。

合于义之管理反映了中国人永恒不灭的正义良知，反映了中国人立身处世的光明人格，以及修齐治平的博大胸襟。

3. 管理为善之“心”自正：向外看与向内看之辩

西方的管理哲学偏重“向外看”，重在研究“心随境转”的外境和外力，包括制度、法治、制衡、授权、情境等。

中国的管理哲学则主张向内看自心，“心者，人之神明，所以具众理而应万事者也”“凡人之所以为人者，惟此恻隐之心而已”“人皆有是心，心皆具是理，心即理也”“欲穷此理，必尽此心也”等。中国的管理学皆是心学，管理法皆是心法。

比如，中国式管理的反求诸己之善，倡导以道德修养为本，遵循先由内再发扬到外的顺序。首先，彰明自身原有的德行，即“在明明德”；其次，推己及人，即“在亲民”；最后，“在止于至善”。

孟子说：“爱人不亲反其仁，治人不治反其智，礼人不答反其敬。行有不得者，皆反求诸己，其身正而天下归之。”

我亲近别人，但别人不与我亲近，那么我就应该反省自己在仁爱方面是否做得足够；我管理别人，但管理得不好，那么我就应该反省自己对相应的方式方法是否足够了解；我对别人以礼相待，但别人不以相应的态度对待我，那么我就应该反省自己对别人的尊敬和礼节是否足够。当自己与他人相处出现问题时，要多反省自己的言行，多从自己身上找原因，多做自我批评，那么一切问题就都不是问题了。

《大学》里面有一段特别经典的古文，讲述的也是如何向内看从而向外为人处世的道理，非常适合用于管理者与被管理者之间的相处之道。

“所恶于上，毋以使下；所恶于下，毋以事上；所恶于前，毋以先后；所恶于后，毋以从前；所恶于右，毋以交于左；所恶于左，毋以交于右。此之谓絜矩之道。”

凡是我所厌恶上司对待我的态度，就不可以拿同样的态度去对待我的部属；同样的道理，凡是我厌恶部属对待我的行为，我也不能以同样的行为来侍奉上司；我厌恶在我前面的人对我所做的事情，我就绝不可以做同样的事情去对待在我后面的人；我厌恶在我后面的人对我所做的事，我就绝不可以做同样的事去对待在我前面的人；我厌恶在我右边的人所做的恶事，我就不可以把同样的恶行加在左边的人身上；我厌恶在我左边的人所做的恶行，我就不可以把同样的恶行加在右边的人身上。这种己所不欲，勿施于人的行为，就是推己及人的絜矩之道。

自己的心就像一面镜子，自己的心就是千万人的心。管理外境和人事会触动自己的心，向内看清自己的心，从而“设身处地”“换位思考”“从知己到知人，由推己到及人”，如此“‘君义臣忠’两得之”“‘上下’相亲兼顾之”。

中国人求善，求的是长久深远的善，绝不是求眼前的善，不是短视的善。求的是长久深远的利，而不是小利、短利、假利。故而中国式管理推崇向内“正心化性修身”。管理好自己“心性”，“化问题于无形”“未雨绸缪”“防患于未然”，则可望实现古人所说的“治未病”。

人与人之间是心连着心，心意对着心意，彼以此感，我以此应。一则为感，一则为应。人心齐，泰山移。“人心散了，队伍就不好带了。”心散了，就“身在曹营心在汉”了，“心不往一处想，劲儿不往一处使”，还谈何管理呢？

人心才是前景，人心才是动力源。聚人心才是管理。西方把管理过程分为计划工作、组织工作、领导工作和控制工作等。但最关键的问题永远是，无论工作如何分工，流程如何划分，都得以德服人、以义服人、以心服人，如此才能使人心服口服、心悦诚服，聚集人心。

4. 管理为善之“理”自明：合于力与合于理之辩

对中国人而言，管理是为了明理，而不是名利。明理并非让别人明理，而是自己先明理，从自己做起，自觉而觉他，自理而后理人。中国人的明理，是“严于律己，宽以待人”的善意双标，而非“宽于律己，严以待人”的非善意双标。

中国人所说的以理服人，并非说服、劝说，并非喋喋不休地给人讲道理，更不是要成为教化别人的示范或模范，而是感化、感染、熏陶、陶冶别人，让他们自觉自愿地用“达理”照亮自己的前路、自动自发地用“通情”破除自我的偏执，最终向内找到自己内心的光明，向外释放自己内在心性的光芒。

通过明理，激发人自动自发地向善，才是持久有效的管理本领。好的管理如同南风效应，“君子之德风，小人之德草，草上之风必偃”。好的管理如“陶铸人才”“点石成金”之妙，是以光明人格来感应他人。以力服人，是霸道；以德服人，是王道。

以力服人，作用力越大，反作用力越强，即我们常说的“哪里有压迫，哪里就有反抗”。不要小瞧弱者。国家依靠人民，企业依靠员工，弱者才是根本性的力量。老子也说过“民不畏死，奈何以死惧之”“民不畏威，则大威至”“反者道之动，弱者道之用”，弱者的力量经过积聚和爆发，是非常大的，这是世界普适的公理。

不能以力服人，也不能以利服人。合于利不如合于理，物质不如精神，制度不如道德，前者不可过用，过犹不及，后者百利而无一害。西方理解的资方与劳方的心态不同，资方是干多少活给多少钱，劳方是给多少钱干多少活，如此的矛盾好比“以子之矛，攻子之盾”一样难解。而我们中国人的管理重“善”，所以中国人认为双方都要讲理，双方要基于情理而交互感应。双方都“尽其所分”“将心比心”，一方看得起，一方对得起；一方以德义理待人，一方爱岗如爱家；一方不让制度伤了人情，一方不让人情坏了制度，如此才能实现“你中有我、我中有你”“我为人人，人人为我”的善意管理。管理者和被管理者都“善”，所以每个人都能各司其职、各尽其分，如此就是整体的一，并不二分，并不矛盾。

总之，名利不如明理，物质不如精神，法令不如道德，前者不可过用，过犹不及。物质容易饱和，精神却不容易饱和。对物质的追求，要适度合理，而非越多越好。管理者服务于员工，不是单纯地满足员工的物质需求，而是要教化和引领员工的精神需求，使其精神富足、内心安定。正如《荀子》中所说：“见其可欲也，则必前后虑其可恶也者；见其可利也，则必前后虑其可害也者；而兼权之，孰计之，然后定其欲恶取舍。如是，则常不失陷矣。凡人之患，偏伤之也。见其可欲也，则不虑其可恶也者；见其可利也，则不虑其可害也者；是以动则必陷，为则必辱，是偏伤之患也。”管理者只看到了通过满足人们的欲望来达成自己目的的一面，却没有看到满足人们欲望所造成的危害性的一面；管理者只知道通过让某些事情有利可图，可以驱使人们主动去做这些事情，却没有看到这样引导人所造成的祸患，这种管理上的片面性是需要引起注意的。

二、中国式管理：管理为公

儒释道法的传统文化处处在讲为“公”的思想，如“莫贪天功为己有，莫挟天资为私能”“公心在上，天下为公”“天下为公，正道致远”“公生明，偏生暗”“公则四通八达，私则一偏而隅”“大道之行也，天下为公”“政在去私，私不去则公道亡”“有公心，必有公道”“心苟至公，人将大同”“公其心，万善出”“以其无私，故能成其私”“民齐者强，民不齐者弱”“上下同欲者胜”等。

1. 管理为公：轻公重私与重公兼私之辩

在理解个人与社会、公有与私有方面，中西方的观点和理解是不同的，中西方文化对人与社会的假设与管理方式存在很大的差异。西方有个人本位论和社会本位论之争，中国则有集体主义思想、社会主义体制和共产主义信念。

西方从个人出发，认为社会终究是由个人组成的集体性共同生活体，故应先私后公，成就私心，然后才能成就公事。

中国传统观念则主张公私合一，为了实现公私合一，最好是先公后私、以公控私、以公破偏，通过“克己复礼”来调和公与私、个人与社会之间的关系。在合于德、合于义、合于心的管理前提下，用道德面弥补科技面的不足，用人本面弥补制度面的不足，用为公面弥补为私面的不足。

中国传统文化理解的社会是公私合一、义利合一的社会。义利之间不可走极端，要找到中道，找到一个合乎环境的公私并重的“中庸之道”。

西方人重“私”“私心”，由于太过自我和个人主义，西方人注重个人在社会中不受外在限制和约束的自由，甚至过度享受应有的权利，而忽略了自己应承担的责任和应尽的义务。重私，或许可以有一段时间的“红利”，但长远来看，弊端很大。很多公益性、公共性强的事情无法开展，公共的大事难以推行，需要共同商议的事情迟迟未决、不了了之，这些都严重阻碍了管理事务的推进。

而且对于个人而言，当个体私人欲望过低，或者私人欲望过高而个人无法实现时，容易导致人心动荡和社会失衡。所以偏私较容易导致贫富悬殊、士气低落、戾气重等极端情况。

与西方管理的轻公重私相比，中国式管理更注重重公兼私。我们中国人更强调公心、公道、公理、公义。所谓“大道之行，天下为公”“公道自在人心”“利天下者，天下启之；害天下者，天下闭之”等，都在表明人道要向天道学习，要拥有公心爱人的思想。知名商超“胖东来”的“你真心对员工好，员工也会真心回报你”这种简单朴素的认知是“胖东来”经营管理的起点。任正非所谈的“今天是利益共同体，明天是命运共同体”，都含有表里相依、公私相济的意思。

此外，还有诸多有关义利合一、见利思义的论述，都从侧面说明了中国人非常强调做人为公之信念。诸如“义，利之本也”“利者，义之和也”“义以生利，利以丰民”“夫义者利之足也……废义则利不立”“利人者，人必从而利之；恶人者，人必从而恶之；害人者，人必从而害之”“不义而富且贵，于我如浮云”“投之以桃，报之以李”“欲先取之，必先予之”“有舍才有得”等。

2. 管理为公：制度制衡与公心自衡之辩

因为中国人看重“公”，所以非常看重“公众”，重视公众舆论、担忧千夫所指、担心不被大众所容。所谓“人言可畏”“众口铄金”“三人成虎”。做官的人更是爱惜名誉与前途，怕引起争议、怕被人家戳脊梁骨、怕被问责、怕遭到曝光，内心有一种天然的“舆情恐惧”“社死恐惧”。

所以对于西方来讲，最好的制衡是“制度”。而对于我国而言，最好的制衡就是“大众”“人民”“民声”，是“口碑”“人言”“舆论”的“制裁”，以及这些背后深藏的“伦理道德”“公序良俗”等“法官”。

3. 管理为公：自我与无我、多为与无为之辩

因为中国人重“公”，所以中国人研究的是如何放低自我，即如何不霸道、不夸张、不极端、不偏激地说话做事，圣贤之人甚至可以做到无我执、无我为的程度。管理者要以“天视自我民视，天听自我民听”的态度做人做事，以“无为故无败，无执故无失”的行为作为。这才是真正意义上的人的“进化”行为。

而西方的自由竞争、自由贸易、个人主义、私有化、经济人假说，还有物竞天择、适者生存的进化法则，甚至霸权横行行为，追根究底都是在放大“自我”，容易导致“自我”与“他人”之间形成对立对抗的局势，也更容易产生“恶意双标”之“退化”行为。

而且太过自我的管理者，偏于专制、喜欢逢迎，喜欢表现自己的好恶。这样的领导氛围有助于那些善于讨好的人获得晋升和个人利益，而组织内的老实人和清高者容易被边缘化，这样的组织氛围和环境比较自私自利、压抑紧张。而在无我无为的管理者

的管理下，大家都能安分守己，各司其职，有助于形成自治的管理环境。

中国人心中有别人，重视与他人之间的人际关系和伦常关系，所以能把自我放低，所谓人敬我一尺，我敬人一丈。作为管理者，更要懂得其中的道理，懂得身居高位更要放下身段，守柔处弱的道理，以“民意”替换“我意”，以“百姓心”为“己心”，待到“功成事遂，百姓皆谓我自然”，自然取得高瞻远瞩、长治久安的管理效果。

无为则规避了管理者的强作妄为，无为是通过“尽量减少看得见的具体作为，巧妙增加一些看不见的引导行为”之“不管之管”来实现作为，以“无为”引导下属“作为”，从而实现“无为无不为”的最佳管理。

三、中国式管理：管理为安

1. 管理为安：为国为民则安

“安而后能虑，虑而后能得。”心安、安全、安定团结、安民济物、安家立业、安身立命、安分守己，都是中国人喜欢的安。“既来之，则安之”“此心安处是吾乡”“心安即是归处”，对于国人来说，心安比什么都重要，无论做任何事业，小了说得为了利他，大了说得为国为民，如此才能心安。否则，心不安理不得，做得越大、越强，最后遭到的反噬也会越大、越可怕。

西方的资本主义受资本逐利的局限性影响，必须在市场上进行角逐，做大做强并垄断市场后就成为寡头资本主义、垄断资本主义。垄断或者寡头出现之后，所谓的“自由贸易”就变成了“贸易战”，所谓的“人权”“私有财产不可侵犯”就变成了方便自己掠夺和榨取利润的“遮羞布”。

在中国，我们重视德行、善心、公心、良心、公义，因此很多民族企业家都将做企业的目的归结为为国为民，为了人民安居乐业，为了国家长久太平。做企业不是为了做大做强，不是为了做行业带头人，而是为了解决就业，净化行业环境，引领行业正气，服务于国家和人民。

那些真正做到“老者安之，朋友信之，少者怀之”的管理者，因为为国为民，所以心安理得，才能长久。“胖东来”商超一直没有上市，甚至没有走出河南，企业95%的利润分给了员工，这样的民族企业本着重情重义、让员工安心的原则进行管理。这样的民族企业根本不会通过“资本运作”去获得暴利，因为这样的企业的管理本质是扎根于中国传统文化的社会主义企业管理，是将天道、公道、人道与社会法律法治制度相结合的管理，是最大限度造福一方的管理，是最大限度反映社会主义社会企业最优特色的管理。

2. 管理为安：心安理得则安

“俯仰无愧天地，褒贬自有春秋”“岂能尽如人意，但求无愧于心”“做人凭良心，天知地鉴心”“人生多陷溺，平旦良心开。良心虽几希，达之贯三才”“男儿无限平生事，炯炯良心敢自欺”，这些都是中国人耳熟能详的看重良心的佳句。

中国人最相信良心，相信人人皆有良心；中国人也最怕良心不安，心不安理不得是最为痛苦的事情。良心是公平秤，“人人心中有杆公平秤”；良心也是眼睛，“群众的眼睛是雪亮的”。正因如此，中国人为人处世总要图个心安理得、问心无愧，否则就会有“举头三尺有神明”“人在做天在看”之恐忧。

而且，中国老祖宗的智慧是敬畏天道（无法逾越的宇宙间自然规律）、敬畏公道（公道自在人心）、敬畏人道（人心向背），“畏则不敢肆而德以成，无畏则从其所欲而及于祸”。

中国人因为有所敬畏，所以相比大富大贵，普遍更追求合适相配，获得内心的安宁。安宁是内心的富足，钱包是外在的富足。以外物的“安”来支撑内心的“安”虽有一定作用，但并不彻底；以内心的安来支撑外物的安，才能真正解决不安的问题。

中国人向来认为“德本财末”“德厚财厚”。钱财是看得见的“物”，而支撑钱财的则是看不见的“德”，“厚德”才能“载物”。用昧良心的方式赚到钱财的行为，是失德的行为，这样的行为最终必然会以加倍偿还的方式使之失去一切。

如果组织只顾提高绩效，不顾同行存亡；如果富人只顾奢靡享受，不顾社会风气遭到扭曲；如果国家只顾自己国民的利益，而不顾他国国民的存亡；如果人类只顾人类中心主义，不断消耗挖掘地球的有限资源，而不顾万物生灵的安宁与存亡……这些皆是失德失心失义失公的不当行为，都与我们中国式管理道德伦理性的基本理念不符。

四、管理为善为公为安

总结以上中国式管理的特点，中国式管理要存善心、要有公心、要安人心。为公、为善、为安也是中国人的民风、家风、国风。我们也希望为公为善为安之风吹遍天下，护佑山河锦绣、岁月芳华。

1. 中国式教育管理的道德伦理性

管理是伦理的集中表达，产品是人品的集中表达。中国式教育管理“为善”的“坐标系”就是教育管理中各种人事物的安排和分配要经得起道德的考量（得伦理），教育培养出来的学生要在身、家、国、天下中“为善为公为安”（得人品），培养的学生三观正、行为端正，绝不败坏秩序和风气，如是就是安民。

教育管理不仅要关注结果是否经得起道德的考量，还要关注获取结果的途径是否经得起道德的考量。办学效益、排名、影响力不能迎合短期利益和急功近利的需要。我们要选择做那些经得起时间考验的事情，做那些经得起民意和人心检验的事情，把长期主义、良心经营、造福一方、为国为民、长治久安的教义运用到教育管理的宗旨准则之上，以此保证教育立德树人的品质。

中国式教育管理“为公”的坐标系就是为人民服务。无论是教育学，还是管理学，所有学校的存在，所有学科学术的研究学习都不是学术学科的需要，而是为人民需要而存在，是为人民服务需要而存在，是为让人们过上更好的日子而存在。所有组织机构的管理行为，也都是为了改进社会现实，增进人们的福祉，推动文明的进步和发展。可见，中国式教育管理“为安”的“坐标系”是“忧民之利，除民之害”，让教育重民、敬民、惠民、利民、便民、亲民、恤民、安民……通过教育使民众和国家“义而富且贵”。

注重“为公”，注重“仁义精神”，注重“心意”，注重“道德修养伦理文化”，才能体现中国管理哲学的优越性。中国管理哲学倡导价值追求、精神追求。我们心中满满的都是光明人格的圣贤和圣贤之书，孔子、孟子、老子、庄子，还有尧、舜、禹、汤、周公……这些文化基因都是泱泱华夏上下五千年的精神标识、精神力量、精神血脉、精神追求。这些也都在喻示，我们的中国式管理，重在消弭兽性，增强人性，向往圣贤之性。

中国式教育管理强调的是“心”的总动员、心的成长。我们是用个体的心、群体的心、社会的“心”的成长进化，以心灵的成长和精神的进化来衡量教育管理的成败，不是以学校是否做大做强、升学率就业率是否排名第一来评论教育管理的成败。中国式教育管理强调的是“精神”，为了充实精神，学校教育要多多参与社会公益建设、社会文化建设、社会伦理建设和社会心理建设。

2. 山河无恙吾辈自强

中国人有中国人的文化，中国人有中国人的民情风俗，中国人有中国人的管理哲学。不需要模仿，只需要坚定不移走中国式现代化道路。

物质文明如果没有精神文明的引领，就会自掘坟墓。在这一点上，我们要有我们自己的道路自信、理论自信、制度自信、文化自信。对于中国传统文化道德，我们要继往开来、固本兴新、发扬光大。

中国人的“普世价值”是道德修养，中国人的“财富”是伦理文化，中国式管理的价值系统是德治为道（隐性），法治为术（显性）。将道德伦理之德治融于法治，实现德治引领法治；将法治融于道德伦理之德治，实现法治支持德治。“德”与“法”互动合一是中国式管理的一大特点。

将“道德修养伦理文化”融入教育管理，让教育管理善尽“道德修养伦理文化”之责任，是中国式教育管理的不变之法；“不忘本来、吸收外来、面向未来，更好构筑中国精神、中国价值、中国力量，为人民提供精神指引”是我们中国社会主义教育管理的不变追求。

总之，中国式教育管理，必然蕴含社会主义特有的管理上的道德性和伦理性，必然深深植根于中国人特有的为善、为公、为安的文化土壤之中。同时，相信中国式教育管理也必然会在中国特色社会主义制度的管理现实中不断摸索并成长壮大起来，结出带着中国文化和中国特色社会主义独有的教育品位的累累果实，最终成为适合中国人乃至有助于“平天下”的教育学问和教育学术。

后 记

《中国传统文化中的教育管理思想》这本书是我多年的讲义整理而成的。趁着 2023 年春季给珠海校区的专硕同学讲课，我对讲义进行了进一步的整理和挖掘。

这个讲义包括三个专题，分别是：天人合一、德礼之治、心性之治。其实，传统文化博大精深，很难仅用这三个专题及十几万字的内容就将其全部概括，尤其是受限于自己学问浅薄、能力有限，更是难以将传统文化的精髓讲得明白通透。但我还是尽自己最大的努力，将自己粗浅的理解、浅薄的见解讲述一二，也算是抛砖引玉，希望能够激发大家对学习和探索传统文化管理思想的兴趣和热忱。

回想在珠海校区的两个月，校区风光旖旎，鸟语花香，同学们热情真诚，上课投入。没课时，我常常漫步在小树林中，戴着耳机聆听圣贤老师讲授传统文化（《道德经》《易经》《论语》《黄帝内经》），边走边听，感受着平和自在的心境；有课时，我与同学们相伴，一起畅游传统文化的管理世界，或激辩，或分享，或蹙眉，或开怀，每一张可爱的学生脸庞都镌刻在我的心中。这段时光美好而纯粹，关键是清净无扰，最适合修身养性，让我这个“贤妻良母”暂时脱离了家事家务之劳形、养儿陪学之劳神，真的有一种“可以调素琴，阅金经。无丝竹之乱耳，无案牍之劳形”的感触。

阅读传统文化，让我深刻认识到中国人是非常负责任的群体。一个人来到这个世上，要做自己应该做的事，要做自己天命中所规定的事，且最好是心甘情愿、甘之如饴地去承担自己应尽的责任和义务，这才是一个普通人可以获得周全圆满、顺心如意的最佳路径。

整理此书，是我自己对传统文化中管理思想进行探索与学习的过程，也是自我鞭策与自我反省的过程。希望自己能够知行合一，将知识转化为认知，将认知落实为行为，活到老，学到老，日有寸进，日有寸长！也与大家共勉！

最后，因才疏学浅，水平有限，书中疏漏有误之处在所难免，敬请大家批评指正。感谢！

楚红丽

2023 年 5 月 31 日于珠海校区